华章科技 | HZBOOKS | Science & Technology

区块链与通证

重新定义未来商业生态

杨昂然 黄乐军◎著

BLOCKCHAIN AND TOKEN
REDEFINING FUTURE BUSINESS ECOSYSTEM

图书在版编目（CIP）数据

区块链与通证：重新定义未来商业生态 / 杨昂然，黄乐军著. —北京：机械工业出版社，2018.8（2018.8重印）

ISBN 978-7-111-60719-9

I. 区… II. ①杨… ②黄… III. 电子商务 – 支付方式 – 研究 IV. F713.361.3

中国版本图书馆 CIP 数据核字（2018）第 187713 号

区块链与通证：重新定义未来商业生态

出版发行：机械工业出版社（北京市西城区百万庄大街 22 号 邮政编码：100037）
责任编辑：孙海亮　　　　　　　　　　　责任校对：李秋荣
印　　刷：北京诚信伟业印刷有限公司　　版　　次：2018 年 8 月第 1 版第 2 次印刷
开　　本：170mm×230mm　1/16　　　　印　　张：15
书　　号：ISBN 978-7-111-60719-9　　　定　　价：69.00 元

凡购本书，如有缺页、倒页、脱页，由本社发行部调换
客服热线：（010）88379426　88361066　　投稿热线：（010）88379604
购书热线：（010）68326294　88379649　68995259　　读者信箱：hzit@hzbook.com

版权所有・侵权必究
封底无防伪标均为盗版
本书法律顾问：北京大成律师事务所　韩光 / 邹晓东

赞誉

这本书深入浅出地诠释了"通证"在整个区块链网络中存在的必然性和创新性。书中从通证的基本概念入手，逐渐延伸到通证的生态系统、企业通证化设计、区块链治理，同时还结合通证案例对这些内容进行分析。这本书还专门对相关的法律和监管问题进行了系统介绍。所以说，这本书是一个完整的关于区块链及通证的知识图谱。

——王润　LBank（全球排名前十交易所）
生态投资经理，资产评审委员会委员

我窃以为人类社会正在面临一场剧烈的数字化变革。这场变革，可能将经济从商品经济推进到一个全新的权益经济（或者共享经济）时代。一切价值皆可度量和流通，我认为这是权益经济（或共享经济）最典型的特点。比如，我们如何量化一个人的信用、如何让数万人拥有一幢房子、如何对数据进行定价，这些都是我们在过去不曾碰到的问题。Token 的出现是一个划时代的创新，就如同工业革命中为了修铁路而诞生的股票一样，必将贯穿数字经济的始终。

本书用最简洁的文字向一般人对 Token 的原理进行了科普性的介绍，并清晰阐述了 Token 的价值和应用场景，为所有不了解区块链的人指明了一条进行数字化转型的道路。

——张国强　矩阵财经 CEO

序　通证——嵌入区块链中的自私基因

郭宇航

星合资本董事长、中国区块链应用研究中心理事长

2016年年初，我刚刚加入中国区块链应用研究中心，当时仅有几人来到达沃斯，在北欧的冰天雪地中，和全球同仁探讨区块链的前景。那一年，点融的技术部门正在研究区块链，商讨其改善供应链金融效率的可能。

那时在我的脑海中，区块链只是一种技术，由于其不可篡改等特性，有可能实现很多以前无法实现的事情。虽然在当时我已算是理性乐观派，但事后区块链发展仍远远超出我的想象。

2018年去达沃斯区块链论坛时，同行之人已经有四十多位，数倍于前年。现在无论在上海的机场、酒店或者咖啡馆，谈论区块链的人随处可见。

远超预期的原因，在于以太坊引入了智能合约、引入了通证。截至目前，虽然大家对通证及其本质未达成共识，但全球依然有超过2100种通证已上交易所，中国活跃的通证交易者大约为400万人，而且这两个数字仍在快速增长中。

比特币开启的区块链时代已有9年，以太坊开启的通证时代才刚刚开始。正是通证，在更短的时间里，让区块链走进了千家万户。究其原因，通证契合了驱动万物进化的自私基因，通证就是区块链的自私基因。

有了通证，区块链生态中的权、责、利有了被量化的可能。可被量化正是秩序的起源，量化的程度越高深，秩序的基础就越牢固。通证甚至重新定义了私有制。在物理世界，私有制是需要证明的，比如用房产证证明这座房子是我的。但是在比特世界，通证并不需要自证，它本身就是凭证。

关于通证，我们实践很多，但是思考很少。我一直不认可将Token翻译成"代币"，"通证"显然更为精确。在区块链生态中，通证的价值远非"代币"可以概括，通证是多维信息的集合，它包含了产权、信息、关注、回报和财富。但是关于通证的内涵和外延，我则知之甚少，但却充满好奇。

没有革命的理论，哪来革命的行动？在人间一日、币圈一年的节奏下，我们在通证实践上已经越走越远。但是关于通证的理论思考，却是相对缺乏。

面对实践和理论间的巨大鸿沟，我很欣喜地看到杨昂然和黄乐军的新作《区块链与通证》。他们对通证经济及区块链治理都做了非常系统的梳理和思考，并提出了不少自己的观点。这种兼具综述和原创精神的作品，对于加深我们对区块链及其变革的认知是非常有帮助的。

我更期待从这本书开始，能有更多富有思辨及人文精神的区块链书籍上市，让区块链及通证的概念被更多人理解、接受和实践，从而走向共识。

是为序。

前言

是"泡沫"还是"革新"？区块链的发展一直伴随着争议，即使是看好区块链未来的人们，也存在着巨大的分歧。有人认为，区块链未来发展的核心在于区块链技术本身，而非通证，对于通证经济和通证生态的发展抱怀疑的态度；有人认为，区块链和通证生态的未来是"去中心化"和无政府化，认为虚拟货币将取代货币、代码将成为法律、区块链和通证生态将成为政府公权力不能控制的"乌托邦"；还有人认为，通证是未来区块链发展的中心，以实际价值为基础的通证将构建整个通证生态系统，该系统无法且不能脱离政府和法律的监管。

我们认为，未来通证生态系统很可能就像今天的互联网生态系统一样，渗透到我们生活的每一个角落。通证经济将是区块链技术和通证共同发展且以通证为核心的生态系统。一方面，未来可能将继续开展"去中心化"的进程，区块链参与者的自治程度将不断提高；另一方面，未来的通证生态系统仍将在政府和法律的监管之下，"无政府"的通证生态不是未来通证生态的主流形态。

目前，区块链技术和通证经济还处于发展初期，普通民众对区块链和通证普遍缺乏基本的了解，甚至包括技术开发人员、创业者、投资者等在内的各类区块链参与者对区块链和通证也普遍缺乏系统认知，甚至连各国的监管机构对于区块链和通证的监管问题至今都未达成广泛共识。

当前，普通大众需要了解区块链和通证到底是什么，未来将会怎样影响自己的生活；传统行业的企业家和从业人员也要了解如何将自己的产业与区块链及通证经济挂钩；投资者想要了解这是不是一场泡沫，怎样分辨这场新的经济形态带来的投资机会；法律相关人士需要研究和了解现有法律体系和监管规则是否适用于区块链和通证的相关概念……

本书旨在为读者构建一个相对完整的关于区块链及通证的知识谱系。本书将从通证的基本概念入手，对通证、通证生态系统、企业通证化设计、区块链治理、区块链通证案例及与区块链相关的法律和监管问题等内容进行系统介绍。

第1章将介绍通证的相关概念。实践中，区块链往往和通证、虚拟货币、ICO等概念紧密联系在一起。到底通证是什么？通证和虚拟货币是什么关系？通证和ICO是什么关系？通证有哪些类别？如何进行通证化？区块链与通证正在颠覆哪些行业？对于以上问题，我们将在第1章中进行全面讨论。

第2章将介绍通证生态系统。我们将基于区块链发展与互联网发展的相似性，介绍区块链层级模型、通证生态的参与方，分析企业为什么需要通证化，并对通证生态的估值模型及方法进行介绍。

第3章将介绍企业如何进行通证化。我们将分析在设计和建立企业通证生态模型时应该考虑的问题，对如何管理和维持企业通证化生态系统的发展进行讨论，并对传统企业如何与区块链结合、互联网企业如何进行通证化进行探讨。

第4章将介绍区块链治理。我们将在介绍和厘清区块链治理相关概念的基础上，介绍区块链治理的相关技术，对链上治理和链下治理存在的争议进行充分讨论，然后以Dfinity、Tezos和Decred等项目为例，介绍区块链治理的实现过程。

第 5 章将介绍区块链与通证的案例。我们将从支付领域、公有链、大众预测、区块链游戏、证券通证化和互联网平台的通证对标项目这六个角度，对多个区块链通证项目案例进行介绍。

第 6 章将分析区块链及通证的法律问题。区块链中某些概念与法律的有关概念非常类似，容易让人困惑。到底虚拟货币是不是货币？智能合约是不是合同？智能合约是否具有法律效力？ICO 具有哪些法律风险？对于以上问题，我们将在第 6 章进行深入分析和讨论。

第 7 章将介绍各国的区块链监管现状。我们将根据监管规则的不同，将各国分为三大阵营，并将逐一介绍主要国家的区块链监管政策的现状及历史沿革。

第 8 章将对中国的区块链监管现状进行介绍。我们将梳理有关虚拟货币的监管政策及国家和地方政府对于区块链的鼓励政策，分析近年来中国法院有关虚拟货币的司法判决，并对中国未来的监管走向进行展望。

本书内容由浅入深，结合大量案例分析，对区块链与通证经济生态进行了全方位的解读，适合对区块链和通证感兴趣的读者阅读。由于区块链技术发展日新月异，以及笔者水平有限，书中存在错误或不妥之处在所难免，希望广大读者批评指正。另外，笔者也会通过微信公众号"币然说"发表一些与区块链和通证相关的文章，欢迎读者朋友们关注并与笔者进行讨论。

在本书编写的过程中，得到了家人以及诸多朋友的鼓励和帮助，尤其是两位笔者太太的鼎力支持，对此我们表示衷心的感谢。

目录

赞誉

序　通证——嵌入区块链中的自私基因

前言

第 1 章　了解通证　001

1.1　什么是通证?　001

　　1.1.1　通证的概念　002

　　1.1.2　通证与区块链的关系　003

　　1.1.3　通证与虚拟货币　004

　　1.1.4　通证的分类　006

　　1.1.5　通证是必需的吗?　012

1.2　通证与 ICO　014

　　1.2.1　什么是 ICO?　014

　　1.2.2　ICO 流程　014

　　1.2.3　为什么要研究通证与 ICO 的关系　015

1.3　歌手小 A 的通证化尝试　016

1.4	这样通证化靠谱吗?	020
1.5	区块链和通证正在颠覆哪些行业?	026
1.6	本章小结	028

第 2 章　通证的生态系统　030

2.1	区块链层级模型	031
2.2	通证生态的参与方	035
	2.2.1　用户——消费者还是投资人?	035
	2.2.2　网络架构的提供方——去中心化的捍卫者	037
	2.2.3　数据提供方——决定生态未来的关键因素	039
	2.2.4　社区——不可忽视的力量	042
2.3	企业为什么需要通证?	044
2.4	通证的估值	050
	2.4.1　股票估值模型梳理	050
	2.4.2　通证生态估值模型	053
2.5	通证生态的未来展望	062
2.6	本章小结	064

第 3 章　企业通证设计　066

3.1	通证生态模型的建立	066
	3.1.1　通证的初次分配方式	066
	3.1.2　通证发行数目	069
	3.1.3　通证的用途设计	071
	3.1.4　组建和运营社区	072

3.2	通证生态的维护与管理	074
	3.2.1　激励系统的建立	075
	3.2.2　生态系统的维持与发展	078
3.3	企业与区块链结合	082
	3.3.1　传统企业如何与通证结合	082
	3.3.2　互联网企业的通证化之路	086
3.4	本章小结	092

第4章　区块链治理　　093

4.1	区块链治理的概念	094
4.2	区块链治理的技术支撑	096
4.3	链上治理和链下治理	098
	4.3.1　支持和反对链上治理的理由	098
	4.3.2　支持和反对链下治理的理由	100
4.4	区块链治理案例	101
	4.4.1　链上治理案例：Dfinity 和 Tezos	101
	4.4.2　链下治理案例：Decred	105
4.5	本章小结	106

第5章　区块链通证案例分析　　108

5.1	支付网络的寡头垄断	108
	5.1.1　比特币的众多小弟	110
	5.1.2　匿名币的独特地位	112
	5.1.3　网关支付的超新星	116

		5.1.4	支付概念的延伸	119
		5.1.5	支付类通证的未来趋势	121
	5.2	智能合约系公有链的江湖纷争——剩者为王?		121
		5.2.1	智能合约系的领军者	122
		5.2.2	以太坊的挑战者们	125
	5.3	大众预测机——群体智慧的展台		129
	5.4	区块链游戏——昙花一现的旁氏骗局还是新的爆发增长点		134
	5.5	证券通证化——撬动一个十万亿级市场?		137
	5.6	平台巨头的挑战者——新老贵族的挑战台		140
		5.6.1	Openbazaar 与亚马逊、淘宝	140
		5.6.2	Bee Token 与 Airbnb、途家	141
		5.6.3	HUB 与 Linkedin、领英	143
		5.6.4	Mixin 与微信	143
	5.7	本章小结		144

第 6 章　通证时代的法律挑战　　147

	6.1	"此币非货币!"——虚拟货币的法律属性		147
		6.1.1	部分虚拟货币具备货币的职能	148
		6.1.2	虚拟货币不是法律意义上的货币	150
		6.1.3	虚拟货币在中国被定性为一种特定的虚拟商品	151
		6.1.4	虚拟货币带来的法律和监管挑战	153
	6.2	"代码即法律?"——智能合约的法律效力		157
		6.2.1	智能合约的概念	157

6.2.2	技术层面的智能合约	158
6.2.3	法律层面的智能合约	162
6.2.4	智能合约的危机——The DAO 事件	165

6.3 "创新或骗局?"——ICO 的法律挑战　　169
  6.3.1 疯狂的 ICO　　169
  6.3.2 ICO 流程的风险隐患　　170
  6.3.3 中国宣布 ICO 为非法活动　　171
  6.3.4 ICO 的法律风险　　172

6.4 本章小结　　178

第 7 章　各国区块链监管发展实践　　180

7.1 概述　　180

7.2 美国　　182
  7.2.1 联邦层面　　182
  7.2.2 州层面　　183

7.3 亚洲各国　　185
  7.3.1 日本　　185
  7.3.2 韩国　　186
  7.3.3 新加坡　　187
  7.3.4 印度　　187
  7.3.5 伊朗　　188

7.4 欧洲各国　　188
  7.4.1 英国　　190

		7.4.2	德国	191
		7.4.3	法国	192
		7.4.4	俄罗斯	193
	7.5	本章小结		193

第 8 章　中国区块链监管现状与展望　　196

	8.1	监管政策		196
		8.1.1	虚拟货币的监管政策	196
		8.1.2	国家层面的区块链政策	201
		8.1.3	地方政府层面的区块链政策	202
	8.2	司法案例		204
		8.2.1	盗窃虚拟货币案	205
		8.2.2	虚拟货币传销、诈骗案件	208
		8.2.3	虚拟货币洗钱、敲诈勒索案件	210
		8.2.4	盗窃电力挖矿案件	214
		8.2.5	虚拟货币交易合同纠纷案	216
	8.3	未来展望		220
		8.3.1	保持政策差异化	221
		8.3.2	推动技术标准化	222
		8.3.3	推进监管科技化	223
	8.4	本章小结		224

第1章 了解通证

伴随着区块链技术的流行，通证（Token）成为互联网上日趋流行的关键词，那么通证到底是什么？与区块链、虚拟货币、ICO等名词有着怎样的关系？通证是被如何发行、流通和使用的？通证和区块链将会改变哪些行业的商业形态？本章将会针对这些问题进行详细讲解。

1.1 什么是通证？

为了更好地了解通证，本章将从通证的基本概念及其行业的相关背景开始介绍，然后对通证与区块链的关系、通证与虚拟货币的关系以及通证的分类等进行讨论。

1.1.1 通证的概念

通证，是英文单词 Token 的翻译，Token 一词在韦氏词典中有多种含义：

（1）特定团体按照特定条款发放的代币（比如游乐厅发的游戏币）；

（2）类似于法定政府以外的某个人或机构以钱币形式发行的硬币；

（3）加密虚拟货币的单位；

（4）一种向外的信号或表达；

（5）符号、标志、象征、令牌；

（6）纪念品；

（7）一种与众不同的特点、个性等。⊖

在本书中，讨论的是与区块链相关的范畴，并将"通证"的定义明确为：基于区块链技术，可流通的加密虚拟权益证明。即拥有通证，就相当于拥有了区块链上的某种权益，这种权益，可以代表某种物品或服务的使用权，或是某项虚拟或现实资产的所有权等。权益的具体类型与通证生态的类型密切相关。

在很多文章中，包括有些官方文件中，把 Token 译作代币，但是这种翻译将 Token、Coin 和 cryptocurrency 的意义混合了，不能明确表达 Token 的含义。根据目前的公开资料，孟岩最早提出把 Token 译作通证，而非代币。⊖我们认为，"Token"翻译为"通证"更为贴切，因为"通证"一词蕴含"通行证"之意，中文语境中的"通证"可以理解为进入或使用某一区块链的"通

⊖ merriam-webster, Token, https://www.merriam-webster.com/dictionary/Token（访问于 2018 年 5 月 5 日）。

⊖ 参见孟岩所著的《对话：通证（Token）是下一代互联网数字经济的关键》，https://blog.csdn.net/dj0379/article/details/78711586（访问于 2018 年 5 月）。

行证",其可以涵盖的范围要更广泛一些,能更好地表达"Token"在区块链中的作用及意义。

1.1.2 通证与区块链的关系

区块链是一种按照时间顺序将数据区块以顺序相连的方式组合成的一种链式数据结构,是以密码学方式来保证不可篡改和不可伪造的分布式账本。

区块链系统根据应用场景和设计体系的不同,一般分为公有链、联盟链和专有链,其中:

(1)公有链的各个节点可以自由加入和退出网络,并参加链上数据的读写,运行时以扁平的拓扑结构互联互通,网络中不存在任何中心化的服务端节点。

(2)联盟链的各个节点通常有与之对应的实体机构组织,通过授权后才能加入与退出网络。各机构组织组成利益相关的联盟,共同维护区块链的健康运转。

(3)专有链的各个节点的写入权限收归内部控制,而读取权限可视需求有选择性地对外开放。专有链仍然具备区块链多节点运行的通用结构,适用于特定机构的内部数据管理与审计。⊖

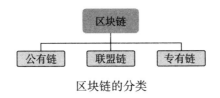

区块链的分类

实践中,区块链往往和"通证"或"虚拟货币"紧密联系在一起。通证

⊖ 参见中国区块链技术和产业发展论坛发布的《中国区块链技术和应用发展白皮书(2016)》(第11页)。

与区块链相结合之后，能够通过加密算法和分布式账本来确定交易的真实性以及资产的唯一性，并可以通过共识算法来实现价值的流通。但是，从技术角度来看，通证不是区块链技术的必要组成部分，使用通证只是区块链分布式账本记账的方式之一，即使没有通证，区块链技术也可以正常记录账本中的所有信息。事实上，某些联盟链或专有链，并不采用通证进行记账。

从商业角度来看，通证为区块链添加了激励机制，使得互相陌生不能产生信任关系的参与者由于经济利益产生关联与协作，从而建立起不同的商业生态。"通证之于区块链不是技术必须，而是人性必须，是一种吸引更多人参与到生态中来的激励手段。"⊖没有通证的区块链，很难调动起没有利益关系及之间缺乏信任的大众参与到生态中来。通证大多运行于原本就存在互信和利益关系的各个参与方，比如公司联盟之间，或者公司内部的不同部门之间。只有使用了通证，才能基于区块链技术搭建起庞大的经济和商业生态。

1.1.3　通证与虚拟货币

虚拟货币不是一个全新的概念，在区块链出现之前，互联网上已存在大量的虚拟货币。早期的网络虚拟货币可以分为三类，一是网站代币，属于由网络服务商发行的，是以购买网络服务为主要用途的虚拟货币；二是网络游戏中的游戏币；三是由网上论坛社区或商家发行的积分类虚拟货币。

近年来，随着区块链技术的兴起，以比特币为代表的加密虚拟货币出现了快速增长。截至 2018 年 4 月，全球加密虚拟货币种类已经超过 1600 种，总市值超过 4000 亿美元。⊜加密虚拟货币（Cryptocurrency）通常简称为加密货币或虚拟货币，其特点在于利用密码学原理来构造货币及控制交易安全。⊜

⊖ 参见发表于搜狐科技的《郭宇航论区块链：理想与现实间的尴尬》，http://www.sohu.com/a/231942151_115035（访问于 2018 年 5 月）。
⊜ https://Coinmarketcap.com/（访问于 2018 年 5 月）。
⊜ 如无特别说明，本文中的"虚拟货币"指基于区块链技术的加密虚拟货币。

Coinmarketcap.com 网站将加密虚拟货币分为两大类：第一类是 Coin，第二类是 Token。在传统的英文中，Coin 一般是指国家发行的硬币，而 Token 一般指代币或者代金券，必须基于特定的应用场景才能使用。在虚拟货币中，Coin 一般是公有基础区块链上的虚拟货币，主要作为支付工具使用，作为报酬分发给为系统工作的人，是一种记账符号，一般无应用场景。Token 一般具有特定的应用场景，在区块链里，Token 可用于用户导流、推广市场、奖励激励、生态建设等。

我们认为，Coinmarketcap.com 的分类具有一定的局限性。首先，Coin 和 Token 在发展中可能相互转化。有一些计划做独立公链的项目，如 EOS、ICON，在早期由于种种原因只是基于以太坊的 Token，在公网上线后也会独立，按照上述标准，它们的 Token 将会转换为 Coin。而类似 Bitshares、Steem 等项目，目前被归类为 Coin，但如果未来基础公有链扩展性增强，可以切换到公有链之上，以降低对网络提供者的激励成本和减少系统通胀增发，其也会变为 Token。**其次，Coin 的功能往往不局限于支付**。Coin 一词在传统英文中一般指国家发行的硬币，用在区块链的语境里，经常被普通民众误解，误认为其具有与法定货币相同或类似的属性与功能，并被认为其主要用途在于支付与清算。而事实上，如果按照上述分类，Coin 也涵盖了很多并不以支付为主要功能的智能合约系加密虚拟货币（如以太坊、EOS 等），以及在闭环系统内流通的加密虚拟货币（如 Steem）。Coin 一词并不能很准确地传递划分在其类别的加密虚拟货币的含义。

鉴于以上分类的局限性，我们认为，广义的"通证"应包括所有加密虚拟货币，而 Coinmarketcap.com 的分类中的 Token 则属于狭义的"通证"。如无特别说明，本书中的"通证"均指广义的"通证"。

在媒体报道中，虚拟货币的概念经常与电子货币、数字货币的概念相混淆。电子货币是指电子化的法定货币，而数字货币一般特指未来央行利用区块链加密技术发行的法定数字货币。而根据中国政府的官方文件，监管语境下的虚拟货币属于非法定货币，与电子货币、数字货币存在本质的区别（参见下图）。

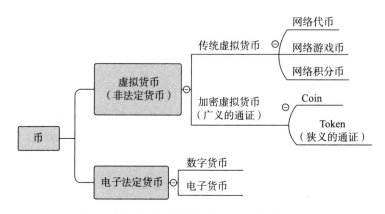

通证、虚拟货币、数字货币及电子货币的概念

1.1.4　通证的分类

目前市场上的通证，按照其工作的层级和用途主要分为下图所示的几类。

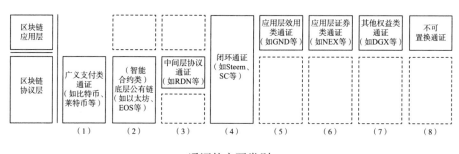

通证的主要类别

1. 带有类货币属性的支付类广义通证

带有类货币属性的支付类广义通证以比特币为代表，或者称为区块链1.0

版本的加密虚拟货币。这一类别位于区块链层级模型的底层，具备独立的区块链网络，同时能够自成一体，上层不需要单独的应用即可完成相应的功能，也可以有一些非必须的应用或上层协议来完善和优化其功能，如一些轻钱包应用（指不运行完全节点也可验证支付的应用）或二层协议（如闪电网络等）。在这一类别中，已经产生足够的共识，如 liteCoin、bitCoin cash 及匿名币分支，以及目前市值排名靠前的 Nem、Dash、Monero、Zcash、Xvg 等。这类通证主要用于价值储藏以及作为支付和流通的手段，并往往被使用者与传统货币进行比较。

2. 底层公有链广义通证

底层公有链广义通证以以太坊为代表，是非支付类（如智能合约）的广义通证。这类通证也位于区块链层级模型的底层，具备独立的区块链网络，但由于支付功能并非其主要作用，所以要结合上层的应用才能组成完整的功能。这类通证包含以太坊 ETH、EOS、卡尔达诺 Cardano（ADA）、NEO 等。这类通证的价值是权益证明，以及上层使用非同质通证的应用的价值流通。比如，ETH 既可以用作 ICO 的入场券，也可以作为类似"以太猫"这种链上应用的支付和流通价值单元。

3. 中间层协议通证

雷电网络 RDN、0x 协议 ZRX 等均属于中间层协议通证，工作在区块的底层协议之上，应用层之下，属于效用类通证。这类通证不具备独立的基础网络架构，只能工作在如以太坊之类的第二类通证之上，与底层协议进行交互，同时又不具备独立的终端应用，而是为上层应用提供高可用性和便利性。拥有这类通证是使用相关协议的前提，如雷电网络 RDN 为上层应用提供了高速、低成本的支付通道，而建立这种支付通道需要消耗一定量的 RDN 通证；而使用 0x 协议的上层分布式应用必须使用通证 ZRX 作为交易费用。从功能性上来讲，目前此类别通证绝大多数属于效用类的。

4. 以 Steem、SiaCoin（SC）为代表的闭环通证

这类通证是相应生态中的必需品，撑起了整个平台的运行机制。它们也具备独立的区块链网络，但是此类通证的流通环境相对封闭，应用场景不像第一类、第二类通证那样广泛。由于有独立的应用场景和独立的区块链网络，该类通证生态涵盖了底层协议层和上层应用两个部分，其作为生态中的激励工具以及价值流通的手段存在。

例如，Steemit.com 是一个通过通证奖励来维持社区建设和社交活动的内容平台，该平台设计了三种通证，分别为 Steem、Steem Power 和 Steem Dollar，其主要的设计逻辑是通过增发通证来奖励所有提供有价值资源的参与者，其中包括优质内容的作者、点赞者和写评论者，以及基础网络的维护方（Steem 生态中称之为见证人）。参与者在这种生态中得到的所有奖励，可以通过二级市场中兑现为法币或者如比特币之类的其他加密虚拟货币，从而获取自己的收入。

再如，SiaCoin（SC）是一种去中心化的数据中心网络，该网络是一个快速、便宜并且安全性高的云端存储平台。它利用了区块链技术让分布式网络安全达成共识。用密码学强化的智能合约保证了数据中心的加密和传送不可能被第三方来干扰。其通证 SC 可以用于支付存储费用，而通证 SC 可以通过二级市场购买或者挖矿（提供算力支持网络架构）得到。

Steem 与 SC 都具备独立的区块链底层架构，同时具备单独的上层应用，其工作层级贯穿了底层协议和上层应用，而通证的使用场景基本上局限于其生态的闭环当中，作用是闭环生态内的价值流通。在未来，当第二类通证中的公有链的处理能力足够强大时，这个可以选择将这类通证生态的基础网络切换到公有链的网络架构之上。

5. 应用层效用类通证（Utility Token）

Cindicator（CND）等均属于应用层效用类通证。应用层效用类通证是目

前市面上大多数通证的类型。这类通证的主要意义是刺激用户数增长和提高用户黏性，是一种低成本获取客户的增长黑客模式。CND 项目的主要目标是利用混合智能进行投资分析，以提高结果的准确性和投资回报率。其具体做法是，通过一款中心化应用软件，为软件使用者提供一些预测问题，并对高正确率者发放 CND 通证进行激励，从而获取有价值的人脑智能的预测数据，再通过一定的机器智能算法，将最终结果发放给部分持有 CND 通证的群体。

在 CND 建立的通证生态中，分析师可以免费参与并贡献自己的数据以获取一定通证收益，而数据的分析结果只开放给拥有一定数量以上的通证持有群体（不同类型的分析结果，查看的门槛分别为持有 0.5 万、20 万、70 万、100 万个 CND 通证）。

CND 通证工作在应用层，而 Cindicator 项目目前只是将价值流通部分与区块链进行结合，其软件与区块链本身并无直接关系。目前这个类别的很多通证都是这种形式，而这种形式的通证本质上和传统的会员积分体系是一样的，比如航空公司的里程积分和兑换体系，或者网站购物的积分体系。

借助区块链信息公开可查及不可篡改的特性，这类通证和过去中心化的积分系统相比，也有两个明显好处：

（1）**发行机制透明**。过去的中心化积分系统属于不透明发行机制，或者增发比较随意，价值不够稳定。目前这类通证的发行机制在白皮书和代码中进行了锁定，对于维持其价值的稳定性有一定帮助。

（2）**流动性好**。由于现在通证上市相对比较容易，流动性比过去中心化的积分系统好很多，变现也更为方便。

基于以上原因，此类通证的意义和价值目前受到一些争议。不过，当未来用户观念逐渐发生转变后，这类通证的形式也会被更广泛接受。同时，这类通证未来也可以通过应用的去中心化，与区块链更加密切地进行结合。

6. 证券类通证（Security Token）

比如一些交易所通证（如 NEX）或者加密指数基金 Crypto20 的通证 C20，都属于证券类通证。NEX 是基于公有链 NEO 的分布式交易平台的通证，在该平台上人们可以进行不同通证之间的交易，交易产生的手续费用可以用 NEX 通证进行支付。平台收取的手续费会分发给所有通证持有人作为分红。C20 通证的加密指数基金包括比特币及以太坊在内的一揽子通证，持有 C20 时就相当于持有了其他一揽子通证资产。C20 通证类似股市中的 ETF 基金，其价格也随着资产池中的通证价格波动而波动。

绝大多数证券类通证同样工作在区块链协议组的应用层。与传统股权有所区别的是，传统股权对应的是股东在其投资的股份公司中所享有的权益，而包括股权类通证在内的证券类通证的范畴将会更加广泛。比如，NEX 通证对应的既是 NEX 项目所建立的通证生态中的一种效用（支付交易费用），同时是这种生态中的一种所有者权益（享受分红）；而 C20 通证为持有者提供的权益是其资产池中的通证权益，类似区块链世界中的 ETF 基金。目前也有一些项目，如 5.5 节将要分析的 Polymath 项目，虽然项目本身的通证 POLY 属于效用类通证，但是项目的目标是将现有的公司股权进行区块链化，做区块链上的"新三板"，这样就可以借助区块链的公开账本系统提高股本发行、股东表决、股本流通的效率。

由于各国对于证券产品及证券市场普遍实施了严格监管，所以证券类通证在各国受到了不同程度的限制。例如，NEX 通证就在欧洲的证券机构注册为一种证券。⊖关于通证的法律和政策监管问题，我们会在第 6 章、第 7 章和第 8 章进行更加深入的讨论。

目前阶段，市场上证券类通证的数量还相对较少，未来其发展方向和增长情况，取决于各国证券法律和监管政策的导向。

⊖ NEX:Legal notice, http://www.nexexchange.com/legal-notice（访问于 2018 年 5 月）。

7. 其他权益类通证

其他权益类通证还有很多种，其中最主要的是不同的价格稳定的通证（stable Coin），包括 Tether（USDT）、DAI 或者牟定黄金价格的 DGX 通证等。

USDT 是 Tether 公司推出的基于稳定价值货币——美元的通证，目标是达到 1USDT＝1 美元，改善了早前所有通证以比特币为计价单位的状况。用户可以用 1 美元的单价向 Tether 公司购买 1USDT 或者持有每 1USDT，也可以通过 bitfinex 或 tether 赎回 1 美元。因为 USDT 最早使用的是 Omni 协议层，基于底层的比特币网络之上，所以其发送和确认时间也和比特币的发送和确认时间一致。在 2017 年 9 月 Tether 又发行了基于以太坊的 ERC-20 通证，依靠以太坊更快的转账速度，降低了确认交易所需的时间。

DAI 是 MarkerDAO 项目中价格稳定的通证，与 USDT 一样，其目的是牟定美元的价值，做到 1DAI＝1 美元。但是与 USDT 不同的是，DAI 发行所需的抵押物并非美元，而是以太坊。同时，其通过智能合约来确保兑换的稳定性。

DGX 通证通过铸币智能合约生成。每个 DGX 通证代表 1 克黄金，可以细分至 0.001 克。当黄金储备的每张资产证明卡被发送到铸币智能合约时，相应的 DGX 通证就会发行出来。而资产证明卡中的内容，如金条序号、购买收据、审计文档、存储费用等，都会被保存在以太坊区块链当中。

此类通证同样工作在协议组的应用层（或者中间层协议），但是并没有运行实际的应用，而是对应着传统经济环境中的一项资产价值，比如美元、黄金等，有相应等值的资产进行背书，通证拥有者拥有等值可置换资产的追索权。

8. 不可置换通证

比如以加密猫为代表的基于以太坊的 ERC-721 通证，就属于不可置换通证。这类通证跟上面的通证具有本质区别，这类通证的单位为1，且每个通证都可以具备不同属性，是独一无二的，通证之间不可以无差别置换。

以太猫是基于以太坊的Dapp游戏，其通证即为游戏中的猫形象，具备不同的基因特质，不同的猫属于同一份智能合约下的不一样的通证，即不可置换通证。

此类通证工作在协议组的应用层，可以结合虚拟资产和现实资产的概念，对游戏中的虚拟道具或者现实生活中的真实资产进行链上追踪、交易和管理。

未来，随着区块链技术的进步和通证经济生态的发展，可能会有更多类型的通证产生，并带动更多的商业模式出现。

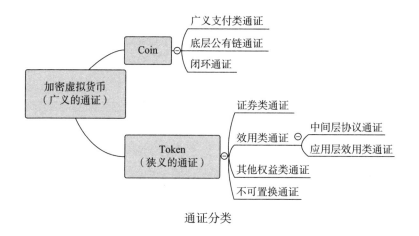

通证分类

1.1.5 通证是必需的吗？

如1.1.2节所讲，从技术上讲，通证确实并非区块链的必要环节。同时，也并非所有的区块链都使用通证。比如联盟链R3的Corda和Linux的Hyperledger Fabric就是不具备通证的区块链。

而对于公有链和大多数区块链来讲，通证的意义在于以下多项重要作用中的一种或几种：

（1）**可以作为"通行证"**，即作为使用某一区块链的先决条件。如果没有通证，参与者需要运行区块链的全账本来参与，而缺乏经济利益的驱动的个体将较难产生参与的意愿，而不受信的参与方也很难被允许加入到区块链中。

（2）**可以作为激励手段**，为维护这套分布式公开账本（提供算力或维护网络）的组织及为生态做出贡献的参与方提供奖励，即构建一套基于通证的激励机制。如果把区块链想象成一辆高速行驶的列车，那么通证就是维持其运转的"燃料"，这也是基于区块链建立的经济生态必须使用通证的根本原因。

（3）**可以作为权益证明**，在其流通领域进行互换或交易。这种权益可以是某种效用，可以是某种证券，也可以是某项虚拟或现实中的资产。

（4）**可以作为价值存储的媒介**，存储对应的虚拟资产的价值。

（5）**可以作为支付与清算的手段**，实现虚拟社区甚至现实社会的支付与清算功能。

对于上述第 3~5 条来说，如果缺乏通证，那么权益证明、价值存储与支付清算记录等都只能存在于区块链的分布式账本系统中，不能围绕通证建立起一套经济生态系统。而若经济生态难以建立，则区块链的应用场景将会极为有限。

基于此，有观点认为，通证在公有链的相关项目中，是一种维持生态的必需品。⊖没有通证的区块链只是一次企业数据库的技术升级，没有区块链的"通证"只能小范围应用，两者结合才能引发革命。⊜

⊖ Stephanie Perez, Does a Blockchain Need a Token, https://medium.com/swlh/does-a-blockchain-need-a-Token-66c894d566fb（访问于 2018 年 5 月）。

⊜ 参见发表于 CSDN 的《今天，这几位区块链大咖旗帜鲜明地亮出"通证派"，原来这才是他们期盼中的未来交易的模样…》, https://blog.csdn.net/Blockchain_lemon/article/details/79133567（访问于 2018 年 5 月）。

1.2 通证与ICO

通证，也常常被人们与ICO联系起来。人们常常说的"发币"，就是形容通过ICO将通证进行首次发行的过程。接下来我们会探讨ICO的定义、流程及研究通证与ICO关系的原因。

1.2.1 什么是ICO？

ICO是英文词组Initial Coin Offering的简称，源自于股票市场的首次公开发行（IPO）概念，意思是"虚拟货币首次公开募资"。ICO本质上是区块链初创项目的融资工具，通常为早期投资者通过向ICO项目发起人支付比特币或以太币等主流虚拟货币，获得项目发起方基于区块链技术初始产生的特定虚拟货币。[⊖] IPO是企业为了发展而向公众筹集资金，而ICO是企业为了发展而向公众筹集虚拟货币，将发行的标的物由IPO的证券变成了特定虚拟货币，即特定"通证"。

需要注意的是，2017年9月4日，中国人民银行、中央网信办、工业和信息化部、工商总局、银监会、证监会、保监会等七部委联合发布《关于防范代币发行融资风险的公告》，公告中规定在国内进行ICO融资属于未经批准的非法公开融资行为，并禁止中国境内的组织和个人进行ICO。之所以我们这里还要介绍ICO，是为了让读者全面了解通证。

1.2.2 ICO流程

一般而言，一个完整ICO流程包括四个步骤：

（1）**项目发起**。发行人在项目官方网站或社区发布"白皮书"（White Paper），说明项目信息、项目团队及募集资金的用途等内容。白皮书一般还会

⊖ 参见发表于中国区块链技术和产业发展论坛的《中国区块链技术和应用发展白皮书（2016）》(第14页)。

包括业务模式、项目准备解决的问题、技术架构、资源开发和通证分配计划等内容。

（2）**创建通证**。发行人利用区块链平台，照 ICO 项目白皮书中的计划创建相应数量的通证，同时设定通证的价格。通过以太坊等平台，发行人可以根据现有的代码模板，编写智能合约代码，创建一种全新的通证，不需要经过复杂的技术开发过程。

（3）**认购通证**。即投资者支付比特币、以太坊等通用加密虚拟货币等换取项目的通证，主要包括三个步骤，一是投资人公布支付渠道；二是投资人向发行人指定的支付地址支付比特币、以太坊等虚拟货币；三是发行人或智能合约根据投资人的投资金额向投资人发放该项目的通证。

（4）**通证上市**。在募集结束以后，投资人支付的部分或全部虚拟货币将直接进入发行人的账户，供项目后期推进使用。通证进入虚拟货币交易所挂牌，进行二级市场交易。

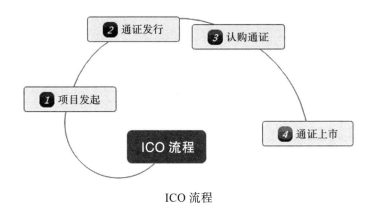

ICO 流程

1.2.3 为什么要研究通证与 ICO 的关系

在目前中国全面禁止 ICO 的情况下，为什么我们还要研究通证与 ICO

的关系？理由如下：

（1）ICO 目前仍然是绝大多数虚拟货币的创设方式，通过研究通证和 ICO 的关系，有助于更好地学习和了解通证的技术原理和发行运作机制。

（2）ICO 是推动区块链技术发展的重要因素，通过研究通证与 ICO 的关系，有助于更好地学习和了解通证生态系统及通证经济的发展逻辑。

（3）从世界范围来看，很多国家未禁止 ICO，通过研究通证和 ICO 的关系，有助于更好地学习和了解区块链国际法律监管规则。

这里需要明确一点：ICO 是利用区块链中智能合约技术进行的一项融资手段，而通证是 ICO 融资的标的物。也就是说，只要进行 ICO，发行的即为通证（又常被称作代币），而通证的发行，并非只能依靠 ICO——即两者存在充分非必要的关系。通证也可以通过其他形式进行发行和推广，比如 Airdrop（空投）即是当下一种非常热门的方式，具体方式为向特定对象进行免费赠送，比如新注册用户赠送、推广赠送、长期社区成员赠送、对同类其他成熟项目的通证持有者进行赠送等。除了空投之外，会员积分转化、任务奖励等也可以作为通证发放的形式。

1.3 歌手小 A 的通证化尝试

看了上面的枯燥概念，是否对于通证和 ICO 还是没有直观的认识？还不知道到底应该如何理解？我们通过一个假设的场景来搞明白这件事情。

18 岁的 X 国歌手小 A，在选秀节目《X 国好声音》中一战成名获得赛季亚军，被导师麦克天王看中，成为麦克天王战队下的一员。选秀节目之后，小 A 非常想进入演艺圈发展事业，这时候他面临着新艺人往往都会面临的几个困难：他并非创作型艺人，所以需要好的作品；仍需要持续进修以加强唱功；需要市场宣传与形象包装。

这三个困难似乎有个统一的解决方案：需要资金。令人欣慰的是，小A目前凭着这档选秀节目的高热度在观众中积累了一定的人气和粉丝，外加导师麦克天王对他青睐有加。但是人气是会随着时间的流逝慢慢减弱的，而名师一天也只有24小时，徒弟却是数目众多，导师能真正帮助到小A的也非常有限。小A苦恼了，该怎么办？

小A可以考虑传统方式，即选择一家经纪公司，比如经纪公司B，这样可以比较稳定：B公司会负责小A演艺生涯中的一系列费用，会帮小A购买好的作品，帮他出钱修炼唱功，帮他进行市场宣传和形象包装。作为交换条件，小A要与B公司签订长达8年的合同，在此期间要接受公司对他的演出安排，并将期间所有收入与公司以4:6的比例进行分成。

小A非常犹豫，他认为自己拿了选秀亚军，未来肯定前途无量，这种收入分配的比例损失和自己得到的资助相比很不匹配。市场上经纪公司也比较有限，即使不选择B公司，其他公司给的条件也都差不多。另外如果签约了经纪公司，很可能要完全按照公司的思路去发展和工作，否则一个违逆就有被雪藏的风险……总之，小A心里是一万个不情愿。但是如果全靠自己打拼，他又缺乏启动资金，歌唱生涯的黄金期可能会很快过去……

这个时候，具备生意头脑的父亲给他出了个主意。他让小A在社交媒体发布一条公告，预售自己未来的演唱会门票券，售价20"X元"（X国法定货币）每张（方便起见，不考虑门票座位位置等因素对价格的影响，所有门票假设是等价值的），售券的封顶数目是50万张，共计能筹集资金1000万"X元"。参与预售的投资者在未来小A有成熟作品后可以凭门票券入场听歌，也可以将券转让进行获利。

为了吸引投资者的投资热情，父亲还设计了分级的价格系统让小A一并在社交媒体公告中说明清楚：投资者采购的前 10 万张门票券可以享受 10% 的价格折扣，第二个 10 万张可以享受 5% 的价格折扣，在这之后再购票便没有折扣了。同时如果一次性购买 1000 张以上门票的投资者可以在之前基础上增加 5% 的价格折扣。为了增加投资者的信任度，公告中还公开了募集资金后的使用计划，20% 用于歌曲的版权付费，20% 用于演唱进修，50% 用于雇佣经纪人团队以及一系列市场宣传活动，剩下 10% 留作未来不时之需。

另外为了提升融资的效率，小 A 的父亲还规定了这次融资不采用 X 国法定货币进行融资，而采用一种"加密虚拟货币"的标的进行，比如以太币，每张门票券的定价最终定在了 0.005 个以太币，即无折扣的兑换比例为 1 门票券＝0.005 个以太币。

同时为了增加门票券的流动性，小 A 父亲还帮忙联系了一个交易平台"X 淘币网"，确保在演唱会门票券融资结束后两个月内，将门票券这项资产上到平台进行交易，代码规定为 MPQ，投资者可以方便地进行购买和转让。

最终，小 A "发行"的代码为 MPQ 的门票券取得了巨大的成功，在短短几个小时之内就将 50 万张 MPQ 全部售出，共筹集到了 2400 个以太币（考虑到部分折扣），由于以太币的高流通性，大概能兑现 960 万 " X 元"左右的资金（为了方便计算，假设募集结束时，1 个以太币的价格等于 4000 " X 元"），为小 A 的未来职业发展提供了充足的资金保障。

讲到这里，也许你已经有点感觉了：小 A 是一家前景良好并且待融资的创业公司，经纪公司 B 对应着传统投资领域的风险投资公司（VC），其投资方式为股权投资，即投入一定资金以换取公司的股份，这些股份可进行转让、股东投票或者参与分红。风投公司由于数量有限，很多时候创业公司的选择并不多，而且在商业谈判中经常处于较弱势的地位。

预售演唱会门票券的方式对应的是 ICO 融资，小 A 发布的社交媒体公告就是白皮书，而预售的门票券的代号 MPQ，即为小 A 发行的通证代码㊀。在目前绝大部分 ICO 中，创业公司拿来融资的标的并非公司股权，而是未来该公司创造的生态环境中的一种效用（使用权）；也就是说投资者用资金换来的通证通常不能用投票方式影响公司的决策行为，也不享有公司的盈利分红权力，但是投资者持有的通证代表了该公司创立的生态环境中的一种效用（比如可以参加小 A 的演唱会）。以太币代表了一些采用智能合约的基础公有链的通证，目前最具代表性的是以太坊（Ethereum）的以太币（Ether）。需要补充说明的是，目前在市面上也存在一些证券类通证（Security Token），这在 1.1.4 节中已经提到。

ICO 融资和传统 VC 融资有着巨大的区别，ICO 融资具备传统 VC 不具备的些许"优势"：较短的投资锁定期，较高流动性以及极高的融资效率。

但同时，ICO 融资也具备着比传统 VC 更大的风险和不确定性：投资者难以对公司运作产生影响；对于效用类通证来说，投资者所得并非股权，无法获取公司红利且不产生现金流；而其得到的所谓"未来生态系统的效用"，是难以衡量真实价值的……

必须说明，目前，中国禁止任何组织和个人在国内进行 ICO 融资活动。小 A 在中国无法开展以上假设场景中的预售演唱会门票券活动。

那么，基本概念说明之后，你脑子里可能会冒出来一大堆新问题：

（1）小 A 这么早把门票卖光了，拿到钱以后不打算唱歌了，改投资房地产了怎么办？

（2）就算小 A 信守承诺，以后继续演唱事业并一直坚持进修和开演唱会，但办演唱会、搞市场宣传都需要钱，他之前筹集的资金花完了怎么办？

㊀ 在很多情况下，一款通证的基本单位和其交易代码使用同样的名字，但有时会有例外，比如以太坊（Ethereum）的基本单位为以太币（Ether），交易代码为 ETH。很多人由于交易和使用习惯将 ETH 与 Ether 等同。

（3）小A这么早就把门票卖光了，未来靠什么再继续维持收入？发出去的演唱会门票，举办完一场演唱会之后回收的部分，能否继续再进行发售？

（4）小A除了进行ICO，是否还有其他方式发行门票券？小A怎么能够防止有人制作假门票券？投资者如何防止小A随意增发？

（5）投资者如何保证自己手中的门票券有效？万一小A之后增发了1000万张门票再进行增资，导致投资者后来想去听演唱会时没有座位了怎么办？

（6）如果按照一张正常演唱会门票200～1000"X元"估算（根据歌手受欢迎的程度定价），这张门票券最多也就能升值几十倍，为什么新闻里有些ICO投资者有时会有百倍、千倍甚至上万倍的收益？

（7）如果我是一个传统领域的企业家或者创业者，我应该在小A的例子中吸取什么样的经验？

接下来我们将对以上问题一一进行讨论。

1.4 这样通证化靠谱吗？

下面我们更深入地讨论一下上一节提到的问题。

（1）小A这么早把门票卖光了，拿到钱以后不打算唱歌了，改投资房地产了怎么办？

如果采取传统模式，小A很可能会坚持努力进修唱功，并努力地开演唱会，因为这是他收入增长的唯一途径。那采用现在这种方式，有很多收入已经进行了预支，怎么能保证他主观上不会半途而废、浅尝辄止？

ICO和传统的天使投资及风险投资（VC）虽然有巨大区别，就是投资人拿到的投资标的性质不同（通证生态的使用权和VC的公司股权），但也有类似之处，即都是创始人还未能在将想法落实成规模化的商业模式之前进行的一项高风险的投资行为，投资人只能通过创始人过往的履历和信用记录，评判这项投资各方面的风险。但由于 ICO 筹集的资金额度往往更为巨大并且一步到位，这种行业的风险更进一步被放大了。创始人小 A 通过 ICO 拿到巨额启动资金以后，投资人很难再约束小 A 这笔钱的花费情况，虽然小 A 在进行 ICO 时对于资金的用途给出了详细说明，而如果小 A 不按照之前的说明操作，投资人很难通过现有的法律规则追究小 A 的责任。正因为如此，ICO 成为部分不法分子的犯罪工具，市场上充斥了大量涉嫌诈骗、传销的"空气 ICO 项目"。**包括中国在内的部分国家出于防范风险、保护投资者等目的，禁止本国的组织和个人进行 ICO 进行筹资。**

另外，目前也有相关的技术利用智能合约的方式力图解决这一信任问题。以太坊创始人 Vitalik Buterin 在 2018 年 1 月提出了改进型的 ICO 模式，名为 DAICO，这是一种去中心化自治组织（Decentralized autonomous orgnization，DAO）和 ICO 的结合。该模式最重要的特点是既保留了 ICO 的高效融资手段，又设立了初始投放资金的分期解锁机制——投资人（通证持有者）可以根据创始团队的项目进度情况，投票决定是继续分期解锁初始投放资金，还是拿回剩余的投资。这种名为 DAICO 的改进型融资方式，给予了投资者更大的监管权，也能够更好地促使创始团队按照项目初始的承诺去开发和推进项目的进程。⊖

DAICO、DAO 与 ICO 的关系

⊖ Chrisjan Pauw, What is a DAICO, Explained, https://Cointelegraph.com/explained/what-is-a-daico-explained（访问于 2018 年 5 月）。

DAICO 水龙头机制

如果小 A 采用 DAICO 模式进行融资,那么即使他收到了投资人价值 960 万 "X 元" 的以太币,相关投资也会被锁定在智能合约中,首期只能拿一部分变现进行使用。后期的费用需要小 A 证明自己的项目进展,再由投资人进行投票,然后根据投票结果确定是否可以解锁更多的资金。这种优化结构会带来双赢:首先,小 A 不用太担心后续的资金问题,因为他知道如果自己做得好,后续资金很容易跟上,同时出于压力,他也会更加努力;其次,投资人承担的风险也相对较小,如果发现事态不对可以选择投票锁定并收回资金池中的剩余资金,以减少投资的损失。整个投票的过程由于智能合约的便利性,可以不受时间、地点的约束,只要投资人连接网络即可进行。

(2) 就算小 A 信守承诺,以后继续演唱事业并一直坚持进修和开演唱会,但办演唱会、搞市场宣传都需要钱,他之前筹集的资金花完了怎么办?

一般当通过通证发售来筹资时,创始团队都会预留一定比例的通证:一方面作为未来项目发展的后续资金,比如用于团队新成员维护、市场推广费用、商业合作费用等;另一方面可以作为激励项目团队的手段。这个预留比例也决定了项目所设立的生态圈的估值——同样是筹资 1000 万 "X 元" 左右,如果小 A 发行的是总通证的 50%,则意味着目前小 A 创建的生态估值约为 2000 万 "X 元";如果小 A 发行的是总通证的 20%,那么小 A 目前的生态估值约为 5000 万 "X 元"。

（3）小 A 这么早就把门票卖光了，未来靠什么再继续维持收入？发出去的演唱会门票，举办完一场演唱会之后回收的部分，能否继续再进行发售？

除了依靠首次发行及预留部分的收益外，小 A 还可以在白皮书中规定另外两样事情：通证的流通机制及增发机制。

流通机制决定使用过的 MPQ 是继续出售获得收入，还是进行销毁。如果进行销毁，将导致流通领域的 MPQ 通证数目减少，持有者手中的通证价值将被提高（目前有一些项目采用通证销毁机制，典型的如币安交易所发行的 BNB 通证）。

增发机制决定了整个生态中是否允许通货膨胀，以及相应的通货膨胀率。目前现有的通货膨胀模型主要有三类：无通货膨胀定量发行（如 Augur 和 Golem）、有时限的通货膨胀至某一总量（如比特币和 ZCash）、永续通货膨胀（如以太坊和 EOS）。增发机制也决定了满足什么条件可以拿到新增发的通证。增发机制还决定了谁有机会分配到新发行的通证。典型的增发机制获得通证者有社区贡献者、网络架构的提供方（如主节点）和数据提供方等。

那么，小 A 在未来的时间里，可以通过上述两种方式持续取得收入，第一是通过持续提供演唱会服务回收投资人或用户手中的门票券并再次售卖，或者是销毁相应的门票券使手中预留门票券升值；第二就是在增发机制中规定如果自己持续开演唱会就可以获得新发行的 MPQ 中的一部分，这个比例由初始的白皮书确定，如果获得社区的多数同意，规则也可以进行一定变动（也就是人们常说的分叉）。

（4）小 A 除了进行 ICO，是否还有其他方式发行门票券？小 A 怎么能够防止有人制作假门票券？投资者如何防止小 A 随意增发？

本例中，小 A 可以通过向其铁杆粉丝，或者向跟自己风格相近的有名歌手的粉丝"空投"（免费赠送）门票券通证，从而扩大通证的流通范围。与此相类似，如果是已有会员基础和积分模型的企业，可以采用兑换的方式发行通证，比如用现有会员积分按比例转化，或者根据历史消费额度按一定比例发放通证等。只不过，这种发行方式没有办法筹集到新的资金，小A的初始资金需要通过其他途径解决，如自筹或通过传统融资渠道等。

可能有些读者会产生疑问：如果进行空投，不是在送钱给用户吗？投资人利益如何得到保证？这钱又是从哪里来的？

对此，在下一章我们会详细分析。通证生态的整体价值会随其有效持有人的数目增加而增值，所以空投吸引更多参与者进入生态，非但不会降低整个通证生态的价值，反而会对价值提升有很大的帮助。只不过小A空投的这部分通证，无法起到筹集资金的效果，只能靠享受剩余通证部分升值来实现收益。

另外智能合约大多都采用开源的代码，流通的数目、增发的数目都是公开可查询的，并且由于代码的准确性和唯一性，也不需要担心有人可能进行造假。

（5）投资者如何保证自己手中的门票券有效？万一小A之后增发了1000万张门票再进行增资，导致投资者后来想去听演唱会时没有座位了怎么办？

小A发行的通证代表了其生态中的一种使用权，这种使用权之间不存在差异，且这种使用权是一种标准衡量单位。流通环境中并不具备特定的场景约定，比如门票券可以用作听小A的演唱会，但是并不保证一定可以参与到某一场特定的演唱会、坐在某个特定的座位上。具体的使用权差异由进一步的流通机制决定，而不是由通证本身决定。比如某天某个特定场次的演唱会入场安排，可以由先到先得的方式来决定，而座次安排产生的服务差异性也可以通过使用的通证数目不同来进行调节：靠近舞台中央的座位需要的门票券数目和远离舞台的座位需要的门票券数目可以差异化进行定价。

（6）如果按照一张正常演唱会门票200～1000"X元"估算（根据歌手受欢迎的程度定价），这张门票券最多也就能升值几十倍，为什么新闻里有些ICO投资者有时会有百倍、千倍甚至上万倍的收益？

在区块链的世界里，对于可置换通证来说，由于它是一个数字化的单位，在数学上可以无限细分，为方便使用一般可以细分至小数点后6位或8位，这使得门票券这个物品不再跟其使用频次进行完全挂钩，即参与一次演唱会并不一定要使用正好一张门票券。如果小A的演唱会频次较高，而受众非常广，那么由于流通中的门票券数量已经固定，导致的结果是每次入场只需要小于一张门票券，具体的兑换关系由享受一场歌唱服务的公允价值和门票券当时的单位通证估值情况决定。这种情况下，参与ICO的投资人从长期角度来看可能会获得较为丰厚的收益。反过来说，如果小A的事业发展并没有那么成功，且由于热度不够导致演唱会的频次不足，那么可能会发生的现象是由于门票券通证价值的缩水，导致每次入场听歌需要大于一张的门票券才能入场，这种情况下，参与众筹的投资人手中的资产就有缩水的风险。

另外，小A通过预售门票券建立的这套通证生态，本质上是依靠中心化团队及小A提供服务的（准备演唱会场地设施、歌手唱歌等），且只把流通层的通证（门票的入场券）建立在区块链的基础之上。在这种情况下，通证的生态价值随着小A提供的服务价值及其在歌唱市场的人气起伏的。同时，小A及其团队是这个通证生态中的"单故障点"，即一旦小A团队出现什么问题，那么整个通证的生态价值可能会急剧缩水。

以长期的发展来看，小A还可以选择其他两个手段来改变业务类型及扩充整个门票券通证的生态价值：首先是说服更多歌手，接受MPQ作为演唱会入场的付费方式，并获取增发MPQ的一部分，使得通证生态中提供服务的角色不再是单一的；同时，小A可以考虑将基础架构部分（如搭建演唱会场地等）进行完全市场化竞标，让有能力、有意愿的团队来做这件事情，并收取部分通证作为回报。通过这两项措施，小 A 分别完成了服务的去中心化和基础设施的去中心化，让整个生态系统中不再有"单故障点"，合理运作的话，整个生态价值也会大大得到提升。而我们也将在下一章讲解，小 A 最开始发行的通证和实施这两个手段之后的通证，它们属于不同的通证类型。

（7）如果我是一个传统领域的企业家或者是创业者，我应该在小 A 的例子中吸取什么样的经验？

这是关于企业的通证化问题，我们会在第 3 章详细阐述。

1.5　区块链和通证正在颠覆哪些行业？

什么样的项目适合与区块链及通证结合？结合区块链后，项目将具有数据不易篡改、交易和信任成本低、即时清算等特点。我们认为，满足以下一类或几类特点的项目实现通证化意义较大：

（1）清算时间长；

（2）确认真实信息成本高，但获取的信息具有价值；

（3）交易成本高，除了显性交易成本较高的情况以外，也包括隐性成本较高的情况，比如建立信任的难度较大、门槛高、交易周期长等；

（4）形成大规模共识，具备网络效应；

（5）用户的隐私和行为习惯被廉价收集的场景；

（6）中心化模式存在失败的可能性。

其中，项目如果有以下情况，可以宣判该项目"死刑"：

（1）确定信息真实性成本低或者价值不大；

（2）数据未线上化，得到信息的成本过于高昂；

（3）不具备网络效应和大规模共识。⊖

通证化意义较大的项目，可以归结为以下几类：

（1）金融领域：区块链在金融领域的落地，可以帮助金融机构解决信任、数据共享等难题，目前已有项目把区块链和供应链金融、跨境支付、票据结算等传统金融业务相结合，并将通证作为支付和结算手段。

（2）中介类：在中心化的世界中，大部分提供中介服务的项目，都将首先受到通证经济的挑战和冲击：如零售中介（淘宝）、售房与租房中介（Airbnb爱彼迎）、租车中介（Uber优步）、人才市场中介（Linkedin）、家政中介、交易中介（交易所）等。

（3）依靠收集用户信息和投放广告获得收入以覆盖成本的服务：在过去的商业模式中，用户已经享用了免费服务，作为交换，用户会允许项目方获取自己的隐私和使用习惯，以及消耗部分时间和注意力资源（看广告）。这类项目有搜索引擎、流媒体网站、内容平台、社交网站等。这类项目在通证化的世界中，也具备很大空间。当某个契机使大部分用户意识到自己的隐私是非常宝贵的，那么通证世界中的Facebook，Youtube等也将会大有所为。

（4）版权、艺术类项目：针对版权的付费已经越来越无法惠及最初的作者，虽然在国内一股知识付费热潮的兴起仿佛在改善这一情况。而版权产品通证化将从根本上改善这种情况，创作者可以得到更好的利益保护。

（5）一些政府职能项目及公共服务等：比如统计、投票、预算管理等，通证化可降低成本、提高效率、增加透明度，以及防止中心化系统失败的风险。比如在土地私有化的国家用于记录土地所有权的通证，可以在发生自然

⊖ 参见发表于猎云网的《给伪区块链项目判个死刑》，http://www.lieyunwang.com/archives/401971（访问于2018年5月）。

灾害时，或在政府更迭时确认产权归属。

（6）保险、医疗：此类项目中，区块链及通证可以降低信任成本和交易成本。

（7）博彩、预测、娱乐业、成人产业：区块链及通证可以降低中间商成本，提高预测效率（如智能合约进行预测），以及保护参与者隐私等。

（8）能源项目：可以减少中间商的存在量及交易成本，可以直接对接生产者与消费者。

（9）网络、安全、数据存储和物联网等相关项目：区块链的安全协议可以增强数据交换的安全机制，而分布式存储的特点可以降低中心化的应用系统出现失败的风险，比如一些网站倒闭导致的存储数据丢失等。

（10）慈善业：区块链和通证可以减少慈善行业中的信任成本，还可以让资金流向更加透明。这类项目的问题是市场空间相对较小。

（11）其他行业，如农业、物流、法律行业等：由于通证经济的特点，未来这些行业的商业模式也会发生一些改变。

1.6　本章小结

"通证"是基于区块链技术的、可流通的加密虚拟权益证明。"通证"能比"代币"更好地表达"Token"在区块链中的作用及意义。实践中，区块链往往和"通证"或"虚拟货币"紧密联系在一起。从技术角度来看，通证不是区块链技术的必要组成部分；而从商业的角度看，通证是基于区块链技术建立商业生态的必需品。

广义的通证应包括支付类功能的加密虚拟货币、具备独立网络基础设施的加密虚拟货币和狭义通证范围内的所有加密虚拟货币，而 Coinmarketcap.com 分类中的 Token 属于狭义的通证。通证在公有区块链的相关项目中，是一种维持商业生态的必需品，可以作为通行证、激励、权益证明、价值储存的媒介以及支付与清算的手段。

目前市场上的通证按照其工作的层级，可以分为支付类广义通证、底层公有链广义通证、中间层协议通证、闭环通证、效用类通证、证券类通证、其他权益类通证和不可置换通证等。

ICO 本质上是区块链初创项目的融资工具和通证首次发行的手段之一，但在中国已被禁止。通过研究通证和 ICO 的关系，有助于更好地学习和了解通证的技术原理和发行运作机制、通证生态系统、通证经济的发展逻辑及区块链国际法律监管规则。

本章以歌手小 A 的通证化尝试为案例，详细介绍了通证化的全过程，通过一个生活化的场景假设，将通证的流通及传统 ICO 筹资的场景进行了还原，这可以使对区块链概念相对陌生的人士形成一个较为具象的轮廓。

未来，当通证经济的时代完全来临时，大众的商业模式、人们的生活方式很可能会发生翻天覆地的变化。下面我们会一一阐述。

|第2章|

通证的生态系统

区块链技术发展演进的过程和当年的互联网有些类似。

（1）网络功能类似。 互联网是一张信息交换的网络，它促进了不同参与者之间低成本、无障碍、低时延地进行"通信"；区块链是一张价值交换的网络，它可以促使不同参与者低成本、无障碍、低时延地"交换价值"。

（2）层级模型类似。 互联网大体分为底层基础架构（协议层）与上层应用（应用层）；区块链的协议组也在向这个方向发展——底层基础设施架构（协议层）与上层应用（应用层）。

（3）发展路径类似。 二者均是首先经过了基础设施协议层的发展，然后再进行应用层的开发。

很多人从这种对比中得到一种结论：区块链在未来将会重新塑造我们的生活方式和商业环境，而且这种改变可能在目前难以想象，就像在二十年前我们很难想象今天互联网是怎样充斥了我们生活的每一个角落一样。

同样，通证生态系统很可能就像今天的互联网生态一样，将会渗透到我们未来生活的每个角度。通证生态系统是指基于区块链技术和通证这种新生事物，建立起的商业活动和经济生态系统。从技术架构的角度看，通证生态系统包含了底层的区块链基础设施和上层的软件应用；从参与者的角度看，通证生态系统包含了网络维护者、用户、开发者、数据提供者、社区成员等不同人群；从商业的角度看，通证生态系统可以涵盖多种不同的领域；而从治理和法律监管的角度看，通证生态系统则涉及了商业活动中一系列行为规则及强制手段。生态的经济模型围绕"通证"这一新生事物建立，具备数字化、高流通性、可回溯性、难以篡改等多种特点。

因为区块链和互联网具有如此多的相似之处，所以本章将会时常回顾一下互联网的发展过程，从而为区块链的未来路径提供一种指导意义和前瞻性的预判。

2.1 区块链层级模型

在互联网分层协议模型中，比较常用的是 TCP/IP 协议族和 OSI 模型。这两个模型与具体的协议分层虽有所区别，但大致都可以分为应用层和协议层两组，之后根据不同的模型将两个协议组进行细分。网络运营商及设备制造商（如移动、电信、联通、华为、思科）的业务主要工作在协议模型的下半部分，以提供基础架构服务为主营业务；而互联网公司（如腾讯、阿里巴巴、百度等）的业务更多地工作在模型的上半部分，主要为客户提供内容服务。从中美股市的公司市值中可以得出结论，在互联网领域，应用层服务比基础架构服务获取到的价值更高一些。另外从创造者回报角度来讲，虽然如TCP/IP、HTTP等协议的发明者开启了划时代的变革，创造了极大的价值，但是跟阿里巴巴、腾讯、亚马逊、谷歌等软件巨头的创始人相比，其得到的物质回报，即获取到的价值相对有限。

互联网经历了20世纪80到20世纪90年代这一轮快速发展，早期发展最快的是与基础架构相关的公司，如网络基础设施类的美国电信巨头AT&T（15年股价增长超过12倍）、基础设施的硬件单元供应商思科Cisco（10年股价增长最高达到1000倍）、软件底层操作系统服务商微软Microsoft（15年股价增长最高达到600倍）、中央处理器提供商英特尔Intel（20年股价增长最高达到400倍）。

在互联网泡沫结束之后的2000年，互联网企业高速增长的神话被打回了原型，一大批公司破产或被并购，而互联网基础设施相关公司的市值在其后的十几年中也持续低迷了很长一段时间。AT&T、Cisco、Intel如果不计算股票分红，其股价2000年至今这18年里仍未能突破泡沫时创下的高点，只有Microsoft依靠着将主业转型为云服务迎来了新一轮的增长，股价在2016年突破了2000年的高点。而在近20年中快速成长起来的新一批巨头，基本上主营业务以提供应用层服务为主，如Alibaba、Facebook、Google、Amazon等。并且，这些新兴的互联网巨头在业务层面逐渐向基础架构方向渗透，在逐渐挤占传统互联网运营商的业务空间：Alibaba、Amazon、Microsoft近几年都在发力云服务，它们目前在全球的数据中心节点、租赁的光缆容量方面已经跻身一线运营商的行列。

类似的，在区块链中也可以大致划分为协议层组和应用层组，其中协议层组又可以进一步细分为底层协议和中间层协议。由于目前还处于区块链发展的早期阶段，对于底层架构的需求相当巨大，而上层应用的开发还未能完全跟上，使得区块链协议组呈现出一种"胖协议"的状态：即区块链协议层提供了巨大的价值，同时获取了巨大价值。从目前（2018年6月）的市值排名可以看出，市值排名前10位的区块链项目，全部属于协议层的范畴（数据来源于 Coinmarketcap.com）。

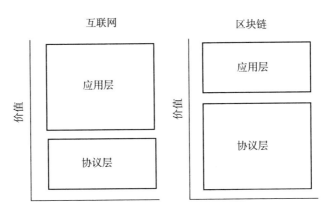

互联网与区块链层级的价值划分

在未来的发展中，区块链是会维持目前的"胖协议"架构，还是会重走互联网的老路——协议层慢慢变"瘦"，而应用层慢慢变"胖"，目前有两种不同的观点。

第一种观点认为区块链未来会维持这种"胖协议"架构，即下层协议层通证的价值会由于其上支撑的分布式应用越来越多而持续增长，在整个价值链中占到更大的比例。而上层协议层通证将保持相对较小的比例，跟互联网呈现较为不同的发展趋势。这种观点的背后原因有以下两个：

（1）区块链的价值来源于共识，而算力背书是共识最主要的表现形式。由于区块链传递的是价值，所以大家会选择共识较强的网络进行传输。这就如同在互联网的应用当中，人们大多数会选择微信支付和支付宝一类的大公司产品作为保管财富和价值交换的工具，而较少选用一些小型应用，原因之一是方便性，但更重要的原因是，由于涉及个人的财富，人们倾向于相信信誉更好的大公司。

而在区块链的模式中，这种信誉来源于底层矿工的网络支持，使得区块链不会随意分叉和回滚，造成个体的价值损失。而矿工的支持本质上受到该网络价值的客观影响，就像比特币价格疯涨时，参与挖矿的算力不断增加；而进入熊市价格暴跌时，成本高的算力也会不断退出网络。而对于类似于以太坊这种不以支付为主打功能的区块链通证来说，网络价值受到在其上运行的应用层数目的影响，也就会造成应用层数目增加，使得基础网络价值增加，进而使得该基础网络更能吸引不同个体提供算力以支持网络基础架构，进一步吸引新的应用构建于该基础网络之上形成正向循环。于是，区块链的基础协议层将在未来区块链的商业环境中获取到更大的价值比例。

（2）跟互联网有所区别的是，由于区块链的本质是分布式数据库，所以在区块链的技术栈中，数据存储于底层的协议层上，每个网络算力的提供方都存有一份数据副本。而在互联网中，工作在应用层的公司拥有数据，而且像亚马逊、阿里巴巴、Facebook这样的巨头，其拥有的海量数据也是其竞争优势和护城河，于是这类公司也会花费巨大成本保卫这些数据的安全性和隐秘性。而区块链消除了这种竞争优势，将更多的价值获取纳入协议层，使得不同应用之间可以较为容易地获取数据。

举个例子，设想一下，一个普通的互联网社交软件应用与Facebook竞争的难度。用户为什么要转去一个没有用户的新软件呢？

与之相反的是，不同通证交易平台之间的切换很容易。它们都可以访问相同的底层区块链。如果Facebook的数据储存在公共区块链中，那么通过区块链分叉，创造一个同样有竞争力的社交网络会容易得多。

第二种观点认为，区块链的"胖协议"不能长时间维持，应用层价值未来将会得到更多体现。支持这种观点的也有一些依据，比如：

（1）应用层巨头可以选择自建基础网络。正如互联网中的应用巨头正在逐步建设互联网基础架构（数据中心及光缆）一样，区块链的应用巨头也可以选择向下层渗透，可以自主选择基础链甚至自建基础链。

（2）虽然数据存储在区块链上是未来一种可能的发展方向，但还有一种可能性是，上层应用仅仅把通证流通层放在区块链上，而把数据仍然进行中心化存储（我们在第 4 章中将要介绍的大众预测网就是这样做的）。这种情况下，应用层公司仍然可以建立起较强的竞争壁垒，从而获取更多价值。

（3）即便数据存储在区块链上，对于数据的分析、处理算法、应用的 UI 设计、可用性、社区黏性等，也可以成为区块链应用层生态的护城河。这样，应用层区块链生态也可以创造更多的价值，以及获取更多的价值。

关于区块链层级在未来的发展中是否会保持现有的"胖协议"状态，以上两种观点各有道理。我们认为，未来区块链协议层或应用层的价值分工，与该层能够创造的价值息息相关。跟互联网相比，由于区块链基础设施不再只是信息的工具和通道，同时还存储着大量的数据以保证价值交换网络的信誉度，这就意味着区块链的底层协议层生态将会比在互联网商业中提供基础网络的公司能获取到更多的价值。

2.2 通证生态的参与方

与其他生态系统一样，通证生态也由不同的参与者构成，具体来讲，用户、网络架构提供方、数据提供方和社区是生态中非常重要的参与群体。

2.2.1 用户——消费者还是投资人？

通证化的新经济时代，消费者和投资人史无前例地被整合到了一起。消费者如果想在生态中购买产品和服务，必须先通过一定方式（参加 ICO 众筹、通过二级市场购买或通过空投等）得到通证，而由于通证的价格会随着其生态的成长或者衰落而变化，也会受到资本市场的情绪影响发生波动，这样消费者自然就具备了投资人的身份，同时，早期消费者也可以获得产品成长的金钱回报。

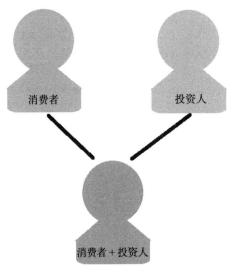

用户身份的转变

另一方面，投资人如果看好某个通证生态的近期或者远期未来，买入通证期待增值的同时，也可以直接使用投资标的在生态中进行消费。这对于投资者来说也具备一定吸引力。跟传统的情况下，投资一家公司股票再分开购买公司产品并试用相比，买入通证后直接使用通证试用产品，在消费步骤上降低了一定复杂度，更容易让投资人体验自己投资的通证生态。

在两种角色中，消费者是第一属性，投资人是第二属性。只有消费群体的扩大才能真正让这种生态发展起来，如果只是投资者和投机者参与，而缺乏真实消费者的增长，那么价格的波动很可能是投机泡沫导致的。

在通证生态中，消费者可以使用通证进行相应的消费，比如交易所的通证（如火币网通证 HT）一般可以用来抵扣交易所需的手续费，同时可以参与分红；大众预测网的通证（如 Augur）可以作为发布一项预测任务的赏金，以吸引其他参与者竞猜预测并赢取奖金；去中心化云盘的通证（如 SC）可以支付网络存储的费用；数据溯源项目的通证（如 SCRY）可以用于购买其他参与者提供的信息数据；基础公链的通证（如以太坊）可以用于参与 ICO 众筹……㊀

2.2.2 网络架构的提供方——去中心化的捍卫者

"去中心化"一词，在大家讨论区块链时常常被提到，同时，给大家的直观印象是，区块链的底层网络架构运行并分散在不同地区的设备上，没有一个中心化的机构进行运行和维护，从而实现了网络的稳定性和信息的不可篡改性。

实际上，"去中心化"一词值得被更加详细和深入地进行探讨。以太坊创始人 Vitalik Buterin 曾经撰文描述他眼中"去中心化"的三个维度㊁：

（1）**架构层**：在物理世界里，一个系统由多少台计算机组成？在这个系统运行的过程中，可以忍受多少台计算机的崩溃而系统依然不受影响？

（2）**政治层**：有多少个人或者组织，对组成系统的计算机拥有最终的控制权？

（3）**逻辑层**：从这个系统所设计的接口和数据结构来看，它更像一台完整的单一设备，还是更像一个由无数单位组成的集群？这个维度可能比较抽象，不太好理解，我们可以用另一种比较简单的方式来做判断。如果把这个系统分成两半，两部分里同时包含生产者和消费者，那么这两部分能继续作

㊀ 参见王利杰所著的《ICO 的三个本质》，https://mp.weixin.qq.com/s/iOBvIkGZMpeEFY_JinamQQ（访问于 2018 年 5 月）。

㊁ VitalikButerin, The Meaning of Decentralization, https://medium.com/@VitalikButerin/the-meaning-of-decentralization-a0c92b76a274#.g8hqys156（访问于 2018 年 5 月）。

为独立单元完整地运行下去吗？

这三把尺子，一把用来测量架构层的系统设计、一把用来测量政治层的掌控权力、一把用来测量逻辑层的所属形态。

把它们总结起来，用一张图表来表现可能会更清楚一点，如下图所示。

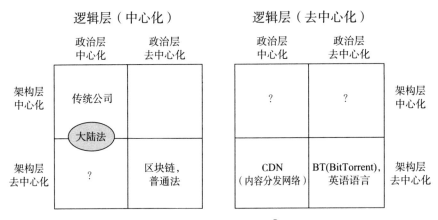

去中心化的三个维度图⊖

从上图中所示的分类可以看出，区块链在政治层上是去中心化的（没有人或组织可以控制区块链），在架构层上也是去中心化的（没有一个统一的服务器可以被攻击）。但在逻辑层上，区块链是中心化的（每个区块链网络都存在一个公共账本，同时系统的行为更像一台单独的计算机）。同时，为方便大家对比理解，图中还列举了一些其他的例子，如传统公司在政治层上是中心化的（每个公司都有一个CEO）；在架构层上也是中心化的（每个公司都有一个总部）；在逻辑层上仍然是中心化的（你没办法真正把公司拆成两半）。而英语在逻辑上也是去中心化的，大家讲的英语不需要完全一致，而语法规则不由单一的个人创造，也不受任何组织控制。

⊖ 参见鲸云实验室所著的《以太坊 Vitalik Buterin：你知道的"去中心化"可能都是错的》，https://mp.weixin.qq.com/s/Rhz77rUAM0kNsK7q7DJZPw（访问于2018年5月）。

为了达成架构层的去中心化，相应的就需要参与者来提供资源支持来运行区块链的底层网络。这部分人在有些通证生态中被称为矿工，在有些生态中被称为区块生产者或主节点。其参与生态的方式即为提供相应的架构资源、网络算力、存储硬盘（或内存）及网络带宽等，来保证区块链架构的高性能运转，同时赢取一定的通证收益。这些参与者通过提供架构资源，搭建起去中心化的网络，可以保证通证生态具有以下特性：

（1）**容错性**：去中心化的系统不太可能因为某一个局部的意外故障而停止工作，因为它依赖于许多独立工作的组件，它的容错能力更强。

（2）**抗攻击性**：对去中心化的系统进行攻击破坏的成本相比对中心化的系统更高。从经济效益上来说，这是抢劫一个房子和抢劫一片村庄的差别。

（3）**抗勾结性**：去中心化的系统的参与者们很难相互勾结。而传统企业和个别政府的领导层，可能会为了自身的利益，以损害客户、员工和公众利益的方式相互勾结。㊀

并非所有的通证生态都需要有参与者负责网络架构。基于中间协议层和上层应用层的通证生态，其运行在底层的公链之上（如以太坊等），那么网络架构的运行和维护就直接由底层生态的参与者提供。

2.2.3 数据提供方——决定生态未来的关键因素

"数据是数字时代的石油"，无论是知名出版物的封面，还是世界 500 强的 CEO 和世界领袖，都在宣扬这样一个观点。虽然不时有一些反对声音认为这种类比并不恰当，因为从稀缺性、可重复性等角度看，数据和石油有着巨大的差别，但是数据本身在互联网时代的重要性，特别是对数据进行逻辑分析和不同数据组合之后产生的巨大价值，是毋庸置疑的。

㊀ 参见鲸云实验室所著的《以太坊 Vitalik Buterin：你知道的"去中心化"可能都是错的》https://mp.weixin.qq.com/s/Rhz77rUAM0kNsK7q7DJZPw（访问于 2018 年 5 月）。

《经济学人》杂志曾经对数据做过这样的分析和评述：智能手机和互联网让数据丰富充裕、无处不在、价值飙升。无论你在跑步、看电视，甚至只是在旅途中安坐，几乎每项活动都会产生数字痕迹，这就为数据提炼厂提供了更多的原料。随着从手表到汽车等各种设备接入互联网，数据量还在持续增长。有估算称，一辆自动驾驶的汽车每秒会产生100GB的数据。与此同时，像机器学习这样的人工智能（AI）技术能从数据中提取更多的价值。算法能预测客户何时下单、喷气发动机何时需要维护，或是某人何时可能罹患某种疾病。GE和西门子等工业巨头现在则把自己包装成了数据公司。

数据之丰富改变了竞争的本质。科技巨头一向受益于网络效应：Facebook的注册用户越多，就会吸引越多人加入。有了数据后，还会带来更大的网络效应。通过收集更多数据，公司会有更大的空间来改进产品，从而吸引更多用户，产生更多数据，如此循环。特斯拉从它的自动驾驶汽车那里收集的数据越多，就越能改进自动驾驶技术——特斯拉第一季度只卖出了2.5万辆车，但目前市值比卖出230万辆车的通用汽车还高，这便是原因之一。因此，巨大的数据池可以充当护城河。

能够获取数据也从另一方面保护了公司免受竞争对手的威胁。在技术行业里，对竞争持乐观态度的理由是认为既有公司可能会被在车库里的创业公司打个措手不及，或是在意想不到的技术转型中受挫。但这两种情况在数字时代都不太可能发生。巨头们的监控系统覆盖了整个经济：谷歌能看到人们在搜索什么，Facebook能看到人们分享了什么，亚马逊能看到人们购买了什么。它们有自己的应用商城和操作系统，并把计算能力出租给创业公司。对于自己市场内外发生的活动，它们都拥有"上帝视角"。当某个新产品或服务越来越受欢迎时，它们能够及时模仿，或干脆在这一新贵变成更大的威胁前出手收购。很多人认为，2014年Facebook以220亿美元收购雇员不到60人的即时通讯应用公司WhatsApp就属于消灭潜在竞争对手的"击毙式收购"。

通过设置准入门槛和预警系统，通过数据可以抑制竞争。㊀

通过上文，我们不难可以看出，数据是互联网公司的重要资产，也是互联网巨头可以领先其他竞争对手的重要资源。与此同时，从用户的角度来看，他们在不断地提供自己的数据信息，用以换取这些公司提供的免费服务。从拥有海量数据的互联网巨头的盈利模式，以及他们对待用户数据的态度看，我们有理由假设，这些数据的价值要高于用户得到的免费服务的价值。

在区块链的应用场景中，情况发生了变化。提供数据的用户，很多情况下会得到通证生态的一部分激励。例如很多进行中的征信类、数据上链项目，用户提供数据或者核实数据，都会得到部分通证奖励；而一些大众预测、博彩应用类通证生态，用户可以免费参与竞猜，而竞猜结果一旦正确，也会得到一些奖励；在内容激励网络中，创作好的文章的作者，以及发现好的文章的点赞者，都会受到奖励。与传统的互联网商业模式相比，参与者会有更高的热情参与到生态当中，也更容易形成网络效应。

这些数据的存储和使用分为两种情况：

一种情况是数据链上存储，所有人都可以查看、分析和进行处理。如目前不同区块链上的账号转账信息（除匿名币外）所有人都可以查询，转账的附言也是公开且不可篡改的。也有其他很多进行中的区块链项目，致力于不同类型、不同产业的数据上链（如农业、土地记录、公共投票等），这部分信息一旦上链，将成为公共的资源，开放给所有人或者部分具备某种特定权限的账户进行调用、分析和处理。

另一种情况是借助区块链进行企业快速增长的案例，如 1.1.4 节中提到的第五类通证中的大部分情况。这类项目常常将价值流通层与区块链进行结合，而将数据层面中心化存储和处理，只对少数人可见。例如，一些大众预测类的项

㊀ 凤凰国际智库：《经济学人：数据是未来的石油！》，http://pit.ifeng.com/a/20170506/510-54293_0.shtml（访问于 2018 年 5 月）。

目或者一些交易所项目，如 Cindicator 或者火币网通证 HT，参与者的预测结果或者交易数据并没有被共享，而是存储于中心化的服务器上，只为少数人可见。

《大数据时代》曾这样描写：大数据会给我们的生活、工作和思维方式带来革命性的改变。这种改变已经在过去几年间逐渐被大家体会到。可以预见，在未来的区块链时代，数据的重要性只会增加，不会减少。

2.2.4 社区——不可忽视的力量

社区就是一个"聚居在一定地域范围内的人们所组成的社会生活共同体，是由从事政治、经济、文化等各种活动的人们所组成的区域性的社会实体。"㊀

在区块链的生态中，社区扮演了更为重要的角色。区块链将事先定义好的"法则"写入程序代码，并通过智能合约赋予社区新的权力。如果企业想建立一个强大的品牌，具备有吸引力，一个具有情感联络和高黏性的社区，可以为品牌的塑造增添强大的动力。设想一下，当一些行动、想法和项目规划以智能合约的形式提交，每个人都可以投票，如果其符合"社区法则"中定义的阈值，则为社区或个人启动提案。这样的合约形式可以高效地体现社区的意见和进行事件决策。

社区为什么那么重要且不容忽视？

（1）优质社区可以为项目的快速发展助力。

社区可以为区块链项目增添部分社交属性，使好的项目容易在用户之间讨论和传播，通过用户口口相传，实现低成本传播进而形成网络效应。小米手机的成功便是依靠社区起步和快速发展的经典案例。在通证项目中，由于社区成员具备投票权，更加强化了网络效应的形成。

㊀ 参见《汉语辞海》中的"社区"条目，http://www.mp3-3.cn/hychcidan/index.asp?pageid=2734（访问于 2018 年 5 月）。

同时，除了便于传播之外，用户的聚集也会为项目赋予更高价值。同样是土地，市中心的地价比城市郊区的地价贵上数倍，人群的聚集便是其中的一个重要原因。另外，社区拥簇产生的活跃交易会让通证具备流动性溢价，也使得这项资产变得更有吸引力。

有些区块链项目，团队成员的技术能力过硬，但由于缺乏市场宣传和社区运营，导致其用户群体没能快速建立，在市场的营销和推广上自然比竞争对手落后了许多。

目前，越来越多的投资机构和交易所，把社区的规模、热度和黏性作为评价一个项目优劣的重要标准。这也从另外一个角度说明，运营一个优质的社区，对于一个成功的通证生态具有重要意义。

（2）社区的分裂容易导致项目发展的停滞或分裂。

"一千人眼里有一千个哈姆雷特"，由于成长和生活环境、教育背景、性格及个体利益的巨大差异，不同的社区成员在面对同样的选择时，会产生各种各样的观点。如何协调这些不同的声音是一门很深的学问，如果社区意见分歧太大，会导致项目发展的停滞或分裂。过去有多次类似的事件发生。

第一个例子是比特币。在过去几年间里，由于比特币扩容方案在不同的利益方之间无法达成统一的意见，在多次开会讨论无法达成统一意见之后，最终导致了 2017 年的分叉和比特币现金的产生。而比特币的相关技术在几年间发展较为缓慢，在很多性能上被其他的项目超越。

第二个例子是"The DAO"项目。2016 以太坊众筹项目"The DAO"中的智能合约漏洞，被"黑客"利用并转走了很多合约中筹集的以太坊，而"黑客"的行为本身并没有试图改变原有的智能合约代码，只是利用了项目组代码的漏洞。以太坊创始人 Vitalik Buterin 紧急给出软分叉将这笔交易撤销或者硬分叉回滚交易两种解决方案，而社区对此产生了激烈的争执，部分人认为"黑客"行为遵循了代码规则，撤销和回滚交易有损区块链不可篡改的属性以及以太坊的共识；而另一部分人认为，"黑客"的不良目的导致了部分投资人的利益受损，应该进行交易回滚。最终，在这种巨大分歧之下，以太坊分叉为以太坊经典和新的以太坊，社区也随之分裂。

第三个例子是 EOS 的创始人 Daniel Larimer 在创立 EOS 之前的两个项目：去中心化交易所 BTS 和内容平台 Steem。这两个项目也曾遇到过巨大困难。Daniel Larimer 是个技术天才，性格上也较为固执。其在 2014 年创立的去中心化交易所比特股 BTS，在当时是极为领先的。但是，由于多次在不同问题上（如通证增发速度，交易手续费，挖矿收入等）无法和社区达成统一意见，而自己的提议又得不到多数票的支持，他最终选择了离开。Steem 项目的进展也并非一帆风顺，项目早期对于通证生态的增发通胀率有过 16 次的改动，最终才确定了通证生态的稳定通胀率，而在这段时间里，项目的进展速度会受到了影响。

此外，从另一个角度来看，即便创始人离开项目，社区管理会通过投票管理和招募新的技术力量等方式继续维持着项目的运转，BTS 项目并没有因此失败，Steem 项目更在延续着之前的成功，由此也可以看出，社区在通证生态中扮演极为重要的作用。

2.3　企业为什么需要通证？

企业为什么需要通证？在回答这个问题之前，我们需要解决一个问题：区块链未来将如何发展？这其实也是一个充满争议的问题。

有学者认为，区块链产业的发展存在三条不同的路线⊖，具体如下：

⊖ 参见元道、孟岩所著的《对话元道二：通证视角下的区块链创新路线》，https://blog.csdn.net/blockchain_lemon/article/details/78850066（访问于 2018 年 5 月 30 日）。

第一条路线就是把区块链当成分布式账本，即升级版的分布式数据库。走这条路线的人认为，区块链最大的价值在于降低商业摩擦，让本来就是产业里领先的企业，用分布式账本技术彼此之间共享关键数据，从而使得商业信任得以传递，从而大幅度降低商业摩擦。这条路线最大的特点有两个：第一是通证可有可无；第二是只改革不革命，不搞产业颠覆。

第二条路线就是源自密码朋克运动的那条路线，强烈的叛逆，强烈的理想主义。支持第二条路线的人认为，数字通证不一定要有内在价值，不一定要有应用场景，更不一定要有政府支持，只要市场上能够买卖，就说明它有价值。如果说第一路线认为通证可有可无，那么第二路线就把通证当成一切，甚至对它的实用性和内在价值都不在乎。

第三条路线就是强调通证在区块链创新中的核心地位，即"通证派"的路线，让区块链发挥最大的威力——运行通证，同时要求通证有内在价值、有明确的应用场景、能够快速流通、尽可能容易上市交易。

我们认为，第三条路线，即通证派的路线可能更符合未来区块链发展的方向。第一条路线可能仅代表技术的革新，而非产业或经济模式的革新，对于未来的经济和社会发展难以带来颠覆性的影响；第二条路线与现行的法律体制相违背，且因无政府监管，存在极大风险，故面临国家机器的强力打压，生存空间狭小，不具有全面推广性；第三条路线有相应的理论和实践的支撑，目前普遍认为，通证经济（Tokenomics）将是下一代互联网的数字经济，而以通证为核心的区块链更容易被国家和传统监管体制所接受。"通证经济既能促进自由交换又能加强监管，是市场经济的一次大升级，本质上其是用密码学、用包括跨国界的开源开放超级电脑等未来信息基础设施来重新定义市场经济"㊀。

㊀ 参见杨东所著的《通证经济是市场经济的一次大升级》，http://opinion.jrj.com.cn/2018/04/10163524368757.shtml（访问于 2018 年 5 月 31 日）。

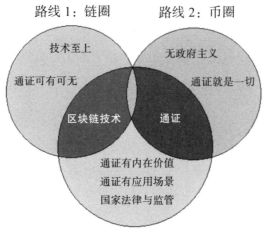

关于区块链的三条发展路线

基于对以上区块链发展路线的判断，我们认为，企业需要通证，具体理由如下：

1. 通证经济是未来经济的发展方向

Token Economy（通证经济）和 Tokenomics（通证经济学）是近年来新创造的英文词汇。根据西方学者 Dr. Paul J. Ennis 等人的观点，通证经济包含了三种定义：一是虚拟经济中的一种自筹资金的手段；二是 ICO 项目生态系统中的通证部署；三是通过创建通证而产生的所有经济活动的集合。⊖我们现在谈论的通证经济多指广义的通证，即上述第三种定义——通过创建通证而产生的所有经济活动的集合。

通证经济具有以下特点：

⊖ Dr. Paul J. Ennis, James Waugh & William Weaver, Three Definitions of Tokenomics, https://www.Coindesk.com/three-definitions-Tokenomics/；翻译参考：搜狐网，《通证经济（Tokenomics）的三种定义》，http://www.sohu.com/a/225923782_304860（访问于 2018 年 5 月）。

一是通证经济能够提升经济效率。首先，在通证经济中，通证的供给可以实现充分的市场化，"每一个组织和个人现在都可以很轻松地把自己的承诺书面化、通证化、市场化；其次，区块链上的通证将可以实现前所未有的流通速度，"当我们每个人、每个组织的各种通证都在飞速流转、交易的时候，我们的生产和生活方式将完全改变"；最后，通证的高速流转将推动市场价格发现功能的实现，"将把有效市场甚至完美市场推到每一个微观领域中"。[一]

二是通证经济的激励机制将激发参与者的热情与活力。激励机制是区块链得到迅速发展的重要原因。通证经济以通证作为激励手段，鼓励区块链的各方参与者积极参与区块链的建设，为通证经济体系贡献算力、资源和信息，并按照区块链的规则自动获得通证的收益或奖励。在区块链的统一规则下，参与者的收益和奖励将取决于其对区块链做出的贡献，由此激活区块链生态系统参与者的积极性，释放社会生产力。

三是通证经济可能改变公司未来的运作模式。通证经济可能对公司这一传统的组织的运作模式带来极大的冲击，形成全新的"通证经济体"。有人用完美"六化"简明阐释了通证经济体的历史意义：商品数据化、服务数据化、数据区块化、区块通证化、通证流通化、流通激励化，并认为"通证经济体"将极大改善人类文明上千年沿袭下来的传统商品流通媒介集权发行所带来的流动性匮乏问题，实现极有可能替代现有公司组织模式的更高阶的人类文明经济体。[二]

[一] 参见搜狐中的《6句话，读懂什么是通证经济》，http://www.sohu.com/a/226513640_100-134484（访问于2018年5月）。

[二] 通证经济 Jeff Xu：《区块链通证经济的历史意义以及应用方向》，https://mp.weixin.qq.com/s?__biz=MzU3NzUzNzkzNw==&mid=2247483906&idx=1&sn=36706c82036bb0c04457a0c0246ec2c2&chksm=fd0250fcca75d9ea521bbb990a46bd73f03e6016f894ab2b42d4047bb19ed3366600fe52c988&mpshare=1&scene=1&srcid=0527roZogJJT3hQvdL5cQVqP&pass_ticket=KJwfkVMS0FxqtkxuNOI15uvc8vjiDKYXdNuyK36TSKuhFGTR42hPlDXrGgmuswqi#rd，（访问于2018年5月）。

2. 通证经济契合未来主流用户的需求

国际上有一个专门的代际术语"千禧一代"(1982—2000出生)，英文是 Millennials，同义词"Y一代"，是指出生于20世纪但在20世纪结束时还未成年，在跨入21世纪（即2000年）以后达到成年年龄的一代人。这代人的成长时期几乎同时和互联网／计算机科学的形成与高速发展时期相吻合。

作为未来经济和社会的主流用户，"千禧一代"的需求代表着未来的需求。全球范围的"千禧一代"年轻人，成长在互联网的环境中，被各种数字产品围绕，容易接受和适应通证经济的理念。相较于其他群体，区块链技术及通证经济会更符合千禧一代的口味。理由如下：

（1）**千禧一代希望通过区块链和通证来改变当前不利的财务状况**。千禧一代负担着比父母更大的财务压力，处于历史低点的工资增长率和居高不下的通货膨胀率使得很多千禧一代已经不指望在未来会有良好的财务状况。而比特币和其他区块链通证的出现代表了千禧一代对这种情况的"反抗"——他们有机会来打破常规，并自主支配自己的财富。另外，千禧一代对制度化持谨慎态度，因此致力于去中心化、减少中央权力机构作用的区块链技术对他们而言颇具吸引力。

（2）**千禧一代对传统金融产品持抗拒的态度**。相比于华尔街推出的传统金融产品，被视作数字黄金的比特币和其他仍处于主流金融领域之外的加密虚拟货币更受千禧一代的青睐。

（3）**通证和区块链有助于千禧一代实现梦幻的生活方式**。区块链行业可以为千禧一代的财务困境找到解决方案，它能让年轻一代在不必担心缺钱的情况下享受生活。比如一个叫 Cool Cousin 的区块链项目，就能让用户在度假时雇佣当地的专家，获得良好而可靠的体验。此类服务及平台就是利用了千禧一代的理想来打造低成本的产品。

（4）千禧一代具有技术情怀。 千禧一代能理解并欣赏区块链技术的优点，特别是其参与性。对于年轻的投资者和企业家而言，区块链众筹模式能让他们用更为便利、透明的方式投资新事物或自主创业，并且无须受到现有投资领域的束缚。区块链使千禧一代成为他们所信赖的平台的一部分，从而为各种技术创建更全面良好的模式。这种趋势不只提供简单的金融服务，同时也导致了高科技产品的爆发式增长。

（5）千禧一代希望通过区块链和通证创造新世界。 千禧一代不只对未来下注，还希望亲手用区块链技术创造未来。许多这一年龄段的人认为开源的区块链技术可以作为一种问责制工具，利用它可创造更好的投票、数据共享和广告机制。Horizon State 及一些其他公司已经在开发类似的服务平台，让投票和其他的民主工具更为便利透明，进一步赋予年轻一代权力。

（6）千禧一代希望通过区块链和通证来引领未来。 正在成长的千禧一代已经无法再被定位成最年轻、最天真的一代。他们已经开始意识到世界上存在的不公平现象，也开始意识到现状中存在的缺陷。区块链不仅提供了有效的方式来表达他们的不满，还为他们提供了社交和金融工具，让他们在发现问题的同时解决问题。尽管区块链技术的前景还不明朗，但只要千禧一代有发言权，它就会继续发展壮大。㊀

3. 通证是新时代赋予企业的机遇与挑战

当通证经济模式在未来快速普及之时，不能及时转变和适应的公司可能会落后于市场。就像互联网技术刚开始普及的时候，企业如果使用了互联网技术，会得到更多的市场关注度，但是未必能取得市场领先。而企业如果不使用互联网技术，而竞争对手使用了，则可能面临随时被竞争对手打败的状况。

而通证经济模式也会再次重复这一现象。先进入的企业会获取更多的市场

㊀ 参见火球财经中的《独家翻译：千禧一代是区块链技术的主力军》，http://www.sohu.com/a/224583698_100074417（访问于 2018 年 5 月）。

曝光度、用户关注度和其他资源。当加入的企业越来越多时，不适应这种经济模式的企业就会落后于市场，变成在竞争中落后的一方。

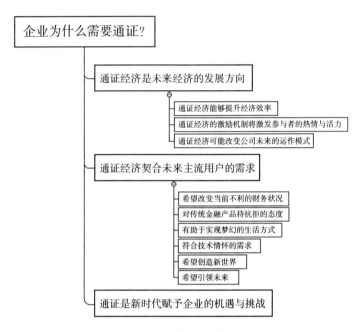

企业需要通证的原因

2.4 通证的估值

对于基于通证建立的经济系统来讲，如何对其进行估值也是个重要的课题。本节通过对股票估值模型的梳理和对比，对通证的几种估值模型进行相应介绍。

2.4.1 股票估值模型梳理

在介绍通证的估值模型之前，本节先把几种主要的公司股票的估值模型简单梳理一下，同时进行相应的对比。虽然目前来看，证券类通证在市场上仅占有少数份额，但在未来有可能会有较快增长。相应的，证券类通证的估值可以直接套用股票的估值模型进行计算。

1. 绝对估值法

绝对估值法是通过对上市公司历史及当前的基本面的分析和对未来反映公司经营状况的财务数据的预测获得上市公司股票的内在价值的方法。绝对估值法一般使用现金流贴现定价模型，即通过预测公司未来的股利（股息和红利的总称）或者未来的自由现金流，然后通过折现率将其折现以得到公司股票的内在价值。

与下面提到的相对估值法相比，绝对估值法的优点在于能够较为精确地揭示公司股票的内在价值，但是选择正确参数则比较困难。未来股利、现金流的预测偏差、贴现率的选择偏差都有可能影响到估值的精确性。⊖

2. 相对估值法

相对估值法主要有如下 3 种。

市盈率估值法

市盈率（P/E ratio）是最传统的股票估值方法，计算方式是每股市价除以每股盈利。它反映了市场对公司收益预期的相对指标，使用市盈率指标要从两个相对角度出发，一是该公司的预期市盈率（或动态市盈率）和历史市盈率（或静态市盈率）的相对变化；二是该公司市盈率和行业平均市盈率相比。如果某上市公司市盈率高于之前年度市盈率或行业平均市盈率，则说明市场预计该公司未来盈利会上升；反之，如果市盈率低于行业平均水平，则表示与同业相比，市场预计该公司未来盈利会下降。所以，市盈率高低要相对地看待，并非高市盈率不好，低市盈率就好。

⊖ 参见 MBA 智库百科中的"绝对估值"词条，http://wiki.mbalib.com/wiki/%E7%BB%9D%E5%AF%B9%E4%BC%B0%E5%80%BC（访问于 2018 年 5 月）。

市盈率的估值方法虽然流行时间已久，且应用最为广泛，但也存在着弊端：由于盈利属于损益表中的预估概念，容易受会计手法影响，同时也容易受非经营性项目的影响（比如一家服装企业投资房地产带来的一次性主业外收益）。

PEG 估值法

当使用市盈率指标衡量快速增长中的企业时，往往都会得到过高的数值，比如一家快速增长中的企业，第一年静态市盈率为 40 倍，略显高估，第二年由于盈利快速增长了 1 倍，假如股价不变，市盈率即回归至 20 倍的正常数值。为了解决这一问题，PEG 指标（市盈率相对盈利增长比率）应运而生。作为传统市盈率指标的改良版，PEG 的计算方式是用由股票的未来市盈率除以每股盈余（EPS）的未来增长率预估值。

彼得林奇在 20 世纪 80 年代末对这一指标进行了推广。他在《选股战略》一书中提出，PEG 等于 1 就是公道价（fair value），比如假设阿里巴巴目前 PE 为 40 倍，那么只要其收益在未来五年以复合年化 40% 的增长率增长，它的定价就是较为公允的。该指标超过 1，则公司处于高估状态，反之则为低估状态。PEG 指标可以将不同成长阶段的公司用统一的标尺衡量，就像把禀赋各异的物种标准化，再进行互相比较。正因如此，PEG 的估值方式也是华尔街分析师最青睐的指标之一。

市值比较法

20 世纪 90 年代，互联网的出现和普及大大增加了信息传播的速度和效率，使得网络效应大大增强，公司发展的范式也随之发生了一些变化。一些互联网平台公司选择通过先烧钱，以尽快获取用户和占领市场，随后当用户基数达到一定数量时，再开始收费。这种发展方式在初期会表现为连续亏损和负的经营性现金流。在这种情况下，公司难以用上面提到的方式进行估值，因为 PE 或 PEG 中的 E 为负数，导致上述两个指标的计算结果也为负数。

在这种情况下，市值比较法常常被用于公司估值，该方法通过比较目标企业和另一家同业务类型企业的一些关键数据，比如用户基数、活跃度、网页点击率和流量情况等，来进行对比估值。即使是处于盈利的公司，有时也会采用市值比较法来估算其是否被低估或者高估。这种估值方法是一种粗略估值，跟前面的方法比起来并不是那么精确。㊀

当然还有其他估值方法，比如企业价值乘数估值、PB估值等，此处不再一一赘述。

2.4.2 通证生态估值模型

在通证生态中，由于目前大部分通证并不能代表公司的股权，也就不会像股票那样产生股利，故公司股票的估值模型便不再适用。总体来讲，效用类和基础链通证的估值模型类似于货币体系的估值模型，但是在某些维度上可以借助股票估值模型进行类比，下面我们详细分析。

比特币的早期拥护者Andreas M. Antonopoulos曾经做过这么一个比喻：所有使用比特币购买服务和产品的人，我们可以把其想象成来自于一个虚构的"孤岛"。借此展开想象，我们把他们比作是来自太平洋上的某个小岛，在这个小岛上，参与者用比特币作为"法币"，用于各种商业和个人行为，比如支付工资、购买消费、借贷等。用比特币与其他货币进行兑换时（如美元或欧元），像是进行了一次出岛的旅游；参与比特币投机交易的人，则像是这个岛上的外汇交易员；而当年那个用一万个比特币购买两块比萨的程序员，则是这个岛上早期的原住民之一。

由于这个岛上的"货币"体系是公开明确的，即总共发行2100万枚，且发行速度已经固定，那么就意味着，随着这个岛上的住户越来越多，流通中

㊀ 参见价值ETF中的《十种公司估值方法》，https://xueqiu.com/3673556274/85682226（访问于2018年5月）。

的或是用于交换的物资和服务内容越丰富，这个国家的货币价值越大。也就是人们常说的，共识越强，比特币价格越高。按照传统的货币理论，在这种情况下，如果要保持物价稳定，则应该发行更多的货币。但由于比特币的发行机制已经确定，那么在这个环境中物资的价格就会变得便宜，即通货紧缩会发生。再根据购买力平价理论，便可估算出比特币和传统法币的大约比值，即比特币的公允价格。

其他类型的效用类通证也可以套用类似的原理，根据上述模型假设，一个通证生态的估值主要与几个因素有关：第一是参与生态的人数，第二是生态中流通的商品和服务的总数目，第三点是生态中通证的流通速度。如果是动态估值，还应考虑到第四点，即人数和商品服务数目的增长速度。通过这几点因素估算出一个通证生态圈理论的公允价值后，再除以该通证在当时的总供给数目，可以估算出一款通证的合理单价，从而判断当前价格是否存在高估或者低估的情况。

1. 梅特卡夫定律估值法（Metcalfe's law）

梅特卡夫定律由 George Gilder 在 1933 年提出。该定律指出，一个网络的价值等于该网络内节点数的平方，并与联网用户数量的平方成正比。也就是说，一个网络的用户数量越多，整个网络和该网络内每台电脑的价值也就越大。

按照梅特卡夫定律，网络这种东西不会因为有了新的使用者，就会占用原先使用者的资源；相反，新进入的用户越多，网络的效用就会越大。通俗一点说，就是分蛋糕的人越多，蛋糕就会变得越大。

以电话为例，两部电话之间只有 1 种连接，5 部电话间可以有 10 种连接方式，而 12 部电话相互间可以有多达 66 种连接方式。相反，如果世界上只有一部电话，这部电话实际上是没有效用的。

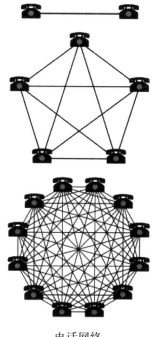

电话网络

网络效应也是如此。如果世界上只有一个人使用社交网络,那么该"网络"会变得极为无聊。而随着用户数量的增长,社交网络带给每个用户的价值也在增多。

FundStrat 国际咨询公司的创始人之一 Tom Lee 指出,比特币过去的发展遵循了社交网络的发展规律,即参与的用户越多,比特币的价值就会越高。他指出,如果建立一个简单的模型,用比特币的用户数量的平方乘以每个账户的平均交易量,过去四年中 94% 的比特币价格波动都能够用这个模型来解释。⊖

下图中实线为基于该模型计算出的比特币"理论价格",虚线为比特币实

⊖ Sara Silverstein, Analyst says 94% of bitCoin's price movement over the past 4 years can be explained by one equation, https://www.businessinsider.de/bitCoin-price-movement-explained-by-one-equation-fundstrat-tom-lee-metcalf-law-network-effect-2017-10?r=US&IR=T(访问于 2018 年 5 月 5 日)。

际价格走势。从图中可以看出，该模型计算出来的价格走势和实际情况吻合度很高。

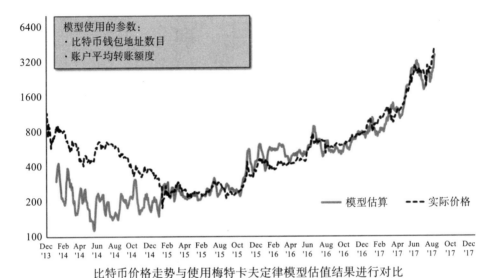

比特币价格走势与使用梅特卡夫定律模型估值结果进行对比

可以看出，在通证生态中，有效的持币者数目是决定通证生态价值非常重要的参数，这也是越来越多的通证项目选择空投来增加持币者数目，以形成网络效应并增加生态价值的原因。

2. 货币数量理论——费雪方程式

区块链加密虚拟货币的文献中越来越多地出现经济学概念。Vitalik Buterin 引用的货币数量理论（费雪方程式）目前也非常流行。虽然数量理论对于分析和理解使用通证的经济体非常有用，但使用时也要注意一些细节。美国明尼阿波利斯联储（美联储分支之一）的前任高级研究官，也是韦博经济学的创始人 Warren Weber 博士，曾系统讲述了费雪方程式在通证经济生态中的正确使用方式。⊖下面我们将结合 Warren Weber 博士的分析，对货币数量理论进行简

⊖ 参见 Warren Weber 中的 The Quantity Theory of Money for Token, https://blog.Coin fund.io/the-quantity-theory-of-money-for-Token-dbfbc5472423（访问于 2018 年 5 月 5 日）。

要介绍。

关于费雪方程式的推导

在经济学文献中，使用最多的数量理论是由著名的耶鲁大学经济学家欧文费雪在1911年出版的《货币购买力》一书中提出的。费雪的货币数量理论的命题前提是一个经济体的产出是由金钱购买的，而且一个货币单位在一个时期内可以花费不止一次。把这两个命题放在一起就产生了货币数量理论：

$$MV=PQ \quad (2\text{-}1)$$

其中：

- M 是经济环境中的货币数量（以经济货币为单位）；
- V 是速度，即在单位时间内消耗单位 M 的次数（V 是标量，没有单位）；
- Q 是经济环境中商品或服务的产量（以产出为单位）；
- P 是价格水平，以经济单位产出的货币为单位。

式（2-1）指出，一个时期内的总货币支出 MV 等于一个时期内一个经济体的总产出名义价值 PQ。

下面我们将式（2-1）应用于使用通证的项目经济。考虑一个通证项目 Bee Token（5.6 节中会对项目详细介绍）提供的房屋共享平台，房东和房客之间使用项目通证 BEE 进行服务费结算。式（2-1）对该经济的应用会产生以下等式：

$$M_B V_B = P_B Q_B \quad (2\text{-}2)$$

其中：

- M_B 是 BEE 通证目前的发行数量；
- V_B 是 BEE 通证的流通速度，即单位通证在单位时间之内的流通次数；

- Q_B 是在单位时间内该通证生态的产出；
- P_B 是以 BEE 表示的 Q_B 单位价格（即产出以 BEE 通证计价的单位价格，如每天一个标准房间所需花费的 BEE 通证数目）。

对于上述公式，有两个非常重要的注意点：

（1）V_B 即每个通证单位被用于支付房屋短租服务时的流通次数，而不是说单位 BEE 通证与美元或其他货币兑换的次数（交易次数）。

（2）P_B 是以 BEE 通证表示的 Q_B 单位价格，**而不是 BEE 通证兑换法币的价格**。对式（2-2）来说，等式两边的量纲必须相同；而只有当 P_B 是以 BEE 通证表示的 Q_B 单位价格，量纲才能匹配。

以上两点非常重要。如果不满足，则估值公式容易被错误使用。

费雪方程式的两种正确用法

费雪方程式在经济学文献中的一种使用方式是获得货币供应量和价格水平之间的关系。对式（2-1）进行变化可以得到：

$$P = MV/Q \tag{2-3}$$

这种情况下，M、V 和 Q 为已知变量，将此等式应用到 BEE 项目中可得：

$$P_B = M_B V_B / Q_B \tag{2-4}$$

由式（2-4）可知，通证生态中的价格水平是目前 BEE 通证的流通数目、这些通证在生态中的流通（被花费）速度及生态的产出这三者之间的函数。再次注意：这种价格水平表示在 BEE 的通证生态中使用一项服务的价格水平（如一个标准房间一晚上需要花费的 BEE 通证数目），而非以法币衡量的通证价格水平。

费雪方程式的第二个正确应用是将式（2-1）改写为：

$$M_B = P_B Q_B / V_B \qquad (2\text{-}5)$$

式（2-5）给出了在一个通证生态中，在具备目标价格、已知生态产出数量和通证流通速度的情况下，所需要发行的通证总数。这种等式的变形有助于在经济模型设立的初期，估算通证所需要发行的总数目。

费雪方程式的两种错误用法

通证的数量理论的一种不正确应用是，表面上看起来像式（2-3），但实际上完全不同。有些文章有时使用看起来像数量理论的方程来计算以美元计价的 BEE 通证：

$$E = M_B V_B / Q_B \qquad (2\text{-}6)$$

其中：E 是通证的美元价格（USD/BEE），即每个 BEE 价值的美元量。

式（2-6）即为对费雪方程式的错误应用之一，因为式（2-6）中，等号的两边量纲不同。当仅将式（2-6）两边的量纲进行换算时，可以得到下面的结果：

$$\frac{\text{USD}}{\text{BEE}} = \frac{\text{BEE}}{\text{生态产出的单位}} \qquad (2\text{-}7)$$

显而易见，式（2-7）左边的量纲为以美元为单位的每个 BEE 通证，而式右边的量纲为每次服务要用的 BEE 通证数量（如每晚一个标准间需要花费多少个 BEE），该式因左右量纲不同而产生错误。

另外，值得注意的是，如果通证生态中的产出是以美元计价的（即产品和服务的美元价格恒定且通证价格变动），则上述单位问题不会出现，并且可以使用类似于式（2-4）来计算通证的法币价格 E。令 P_{USD} 为 Q_B 的美元价格，然后可以得到下面的算式：

$$E = P_{\text{USD}} Q_B / M_B V_B \qquad (2\text{-}8)$$

这种情况下，等式两边的单位相同，该式可以用来计算单位 BEE 通证的美元价格。当然，如果所有产品和服务都以美元计价，可能会带来一个潜在问题，就是生态中的通证是否发挥了应有的作用，是否为该生态的必需品。

费雪方程式的第二个错误应用是把式（2-1）变形为：

$$M_B = P_{USD} Q_B / V_B \tag{2-9}$$

式（2-5）和式（2-9）之间的区别在于，式（2-5）将通证生态的总输出的名义值（$P_B Q_B$）的价值以 BEE 作为单位来表示，而式（2-9）的计量单位（$P_{USD} Q_B$）为美元，因此量纲问题再次出现。

通证的法币计价

对于一些投资者来说，最重要的是如何计算通证的法币价格，即如何计算 E 才能评定一个通证生态的价值是被高估还是低估。

如果项目没有以美元对其产出进行定价，而只以 BEE 对其进行定价，那么定价的方法便是使用经济模型，这里经济模型就是国家货币汇率之间的经济模型。这类模型有多种，其中一种模型应用的是购买力平价理论。这个理论背后的原理是，套利（即在低价格的地方买入商品或服务，转移至高价格的地方卖出）将推动两种货币之间的汇率达到一种平衡，即无论使用哪种货币购买商品所需要付出的代价相同。

换句话说，购买力平价意味着通证的法币计价 $E = P_{USD}/P_B$，其中 P_{USD} 是该生态中商品或服务的美元价格。也就是说，P_{USD} 并不是该服务在美国的价格水平，而是该服务以美元计的产品价格（比如日本东京的一个标准房间每晚需要花费 1000BEE，而美元水平约为 100 美元，而在美国的一个类似标准房间的每晚花费为 150 美元，则 P_{USD} 为 100 美元而非 150 美元）。P_{USD} 是较难观测的，因为生态中的商品和服务并不是以美元出售和交换的，所以这种方法需要找到一些替代品或者代理商，替代品以美元计价，或者代理商提供以美元定价的生态中的商品或服务，这样就可以用服务的美元价格代入上述公式中的 P_{USD}，最终用来求出通证的法币价格 E。

通过这种方式，即可计算出一款通证的法币价值 E，也可以与其名义价格进行比较，判断其是否被市场高估或者低估。○

3. 市值比较法

与股票估值相同，当生态中的商品和服务的体系没有完全建立时，若再使用以上两种估值方式则显得较为滞后，往往会错过一些有潜力的估值项目。例如有些项目的网络效应还未形成，但是从用户和通证应用的快速增长中已经可以看出其前景，那么可以将该生态未来的市场空间上限、生态中流通的商品和服务总数，与其他类似的成熟生态进行对比，甚至是与具备类似人口数目和商品总流通量的国家的 GDP 或者 M2 进行比较。

当然，这种类比只能是一种大致的比较，无法做到十分准确，因为很难评定生态中流通的商品和服务的价值究竟是何种水平。例如，瑞士和塞尔维亚的人口数目相差无几，而 GDP 相差了 15 倍，而 M2 则相差了 100 多倍。

可见，市值比较法只是一种较为抽象的估值方式，只适用于对一个通证生态的前景进行估计。如果想进行更加准确的估值，还是应该采用上面介绍的梅特卡夫定律估值法或者货币数量理论。

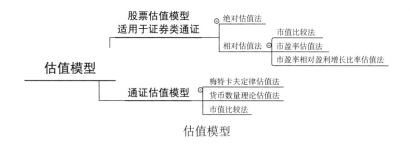

估值模型

○ 参见 Warren Weber 中的 The Quantity Theory of Money for Token, https://blog.Coinfund.io/the-quantity-theory-of-money-for-Token-dbfbc5472423（访问于 2018 年 5 月 5 日）。

2.5 通证生态的未来展望

近年来，有关区块链将消灭传统公司制度的观点非常流行，例如有观点者认为："区块链和通证生态的长期展望就是取代中心化的公司制度"[⊖]，主要理由如下：

（1）从历史发展趋势来看，在人类文明的发展过程中，去中心化一词伴随了历史发展的步伐。从君主制到共和制，从计划经济到市场经济，都是去中心化的历史。从市场经济到通证经济，必然也是去中心化的过程。

（2）从生产关系来看，与区块链协议相比，传统的公司制度是一种落后的生产关系。区块链可以要通过市场经济自由竞争，来实现一个更加公平的社会。

（3）从数据资源共享的角度来看，区块链数据是开源的，学者和研究机构可以免费获取，用户的数据不再是巨头们的私有财产，而是全社会共享（当然用户隐私数据会加密）的，将极大地发挥数据应有的价值。

这个远景展望看起来脑洞大开，像是有些匪夷所思，但如果深入研究一下 Steemit 项目，你会发现这一切可能已经在发生过程中了。作为基于区块链 Steem 去中心化的内容分享平台 Steemit，其创始人、技术开发、运维团队的形式已经由传统商业模式下的对公司负责变成了对社区负责，形成了社区自治的生态系统，没有广告客户和运营者，而对于优秀内容提供者及意见领袖可以得到生态激励。

作为 Steemit.com 的创始公司，Steemit.com 没有广告收入来源，没有服务器的运行成本（当然公司也可以选择自己运行平台，和其他运营者竞争以赚取生态系统内的奖励），系统逐渐稳定后，甚至连技术开发团队都可以解散，让热心的社区技术人员来维持。营销推广的费用非常低，由于生态奖励优

⊖ 参见夏天所著《硅谷深度分享：从历史角度来看区块链发展》，https://mp.weixin.qq.com/s/dRVPjyuUxAPAoJzSDmbXLg（访问于 2018 年 5 月）。

质的文章，有能力的创作者会自然而然地被吸引到这个平台进行创作，而生态内文章质量提高后，也同样在搜索引擎中占领了更多比重，吸引到更多的流量。同时系统内的通证价格由于吸引到的共识增加速度快于生态通货膨胀率速度而上涨，从而形成良性循环。

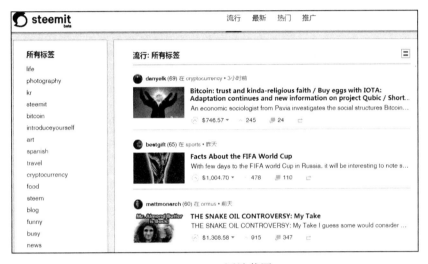

Steemit.com 网站截图

简言之，Steemit.com 使用了一个宏大的愿景，让公司基本不需要付出运营成本、市场宣传成本，但也得不到广告收入。公司只需要专注技术开发和平台的稳定性，以及设计出合理的通证流通场景即可，其得到的收益也相对有限，主要是靠通证预留部分的升值和系统增发。优秀创作者的价值也不再像传统内容平台那样受到公司的盘剥，可以靠优质内容养活自己。在这个生态环境中，公司将利润让于社区，把部分运营成本和宣传推广成本也交给社区，自身的角色跟传统商业环境中的公司相比弱化了很多。

Steemit.com 运转还不到两年，唱衰的声音层出不穷：有观点认为，Steem 的通证体系过于复杂（包含 Steem，Steem Power，Steem Dollar 三种类型），新人门槛太高；有观点认为，这种收入激励来源于庞氏骗局；有观点认为，生态中的意见领袖（具有较多 Steem Power 的人）可以左右新发行货币的流向，导致贫富分化和真正的优秀内容得不到合理收入；也有观点曾认为，创始人之一的 Daniel Larimer（BM）出走会导致这套系统无法维持；还有观点认为，BM 和社区关于一些问题的意见不统一，会导致社区走向分裂。BM 曾激进地要求生态中的通货膨胀率高达 100% 而被社区拒绝，最终定格在 9.5% 的通货膨胀率并逐年递减。

即使有各种各样的唱衰声音，且两位创始人之一的 BM 离开，也不妨碍网站排名不断提升，无论在新用户数、活跃用户数、发帖评论数、日均交易，还是在网站排名等关键指标上都一路上扬，已经逐渐形成对传统互联网巨头的有力威胁。

看到这里，你应该可以想象区块链和通证生态未来的巨大发展空间，其在未来确实有可能利用先进的生产关系挑战现有公司形式的组织架构。并非说公司在未来不会存在或者消亡，只是说其在商业环境中的地位将会被大幅度削弱。

这个愿景多久能实现？一两年内可能还看不到。这取决于技术开发进度，大众观念的接收程度，和一些突发性事件的影响。在十年二十年的远期未来，我们可能会面临和今天完全不同的商业环境。

2.6　本章小结

区块链未来发展的潜力非常大，可能是互联网革命之后的最大一场商业变革。与互联网相比，互联网主要通过改善生产力来提高生产水平，而区块链很可能是对生产关系的一项重大革新。本章把区块链的技术发展路线、通证生态不同参与方角色及其重要性，以及区块链对于企业的价值，一一展现在读者面前。

区块链技术的发展路径和当年互联网非常类似，很多人预期区块链会像以前的互联网一样改变人们未来的生活。人们对于区块链层级模型未来如何发展存在争议，第一种观点认为区块链未来会维持当前的"胖协议"架构；第二种观点认为，区块链的"胖协议"不能长时间维持，应用层价值未来将会得到更多体现。

在通证化的新经济时代，消费者和投资人两个身份史无前例地被整合到了一起。区块链在政治层上是去中心化的（没有人或组织可以控制区块链），在架构层上也是去中心化的（没有一个统一的服务器可以被攻击），但在逻辑层上区块链是中心化的。数据对于区块链同样具有重要的意义，数据提供方是决定生态未来的关键因素。在区块链的生态中，社区扮演了更为重要的角色：首先，优质社区可以为项目的快速发展提供助力；其次，社区的分裂容易导致项目发展的停滞或分裂。

在通证生态中，由于目前大部分通证并不能代表公司的股权，也就不会像股票那样产生股利，公司股票的估值模型便不再适用。总体来讲，效用类和基础链通证的估值模型类似于货币体系的估值模型，但是在某些维度上可以与股票估值模型进行类比。

在未来，大多数人可能会主动或被动参与到这种新型的生态经济中，其估值的方式可以为个人投资提供一些参考。对于创业人士或传统行业的企业家来讲，如何将创业公司或者传统的商业与区块链进行结合，是一个非常值得讨论的话题，下一章也将会对此进行更加具体的阐述。

远期来看，区块链与通证生态可能会对公司这种组织架构形式形成强有力的冲击，会利用先进的生产关系挑战现有公司形式的组织架构，而公司在商业环境中的地位可能会被大幅度削弱。在二十年以后，我们可能会面临和今天完全不同的商业环境。

第3章

企业通证设计

企业通证设计的目的是,将企业的产品或服务与新型的通证经济生态进行有效结合,这就会涉及建立通证模型、生态治理及结合方式等方面的内容,下面将会一一介绍。

3.1 通证生态模型的建立

一个成功生态的初步建立,首先需要考虑通证的初次分配、发行数目、用途设计、社区组建和社区运营这几个方面的问题。

3.1.1 通证的初次分配方式

通证的初次分配方式,主要有空投(也被人称为发放糖果或薅羊毛)、会员积分转化、完成任务分发的奖励和 ICO 代币发行等几种形式。目前来说，在法律允许 ICO 的国家和地区，通证的初次分配还是以 ICO 代币发行为主要方式。在中国、韩国等国家，由于 ICO 被法律禁止，通证的首次发行只能通过其他几种方式进行。

会员积分转化的方式简单明确，发放对象为企业现有的积分会员，数目也容易量化，即根据目前会员积分的数目按一定比例进行转化。

通过空投或任务奖励进行通证的首次发放，可以考虑以下几类对象：

（1）类似通证生态的参与者：例如有些公有链在主网上线前是基于以太坊的 ERC-20 通证，作为以太坊未来的竞争者，项目组会选择向不同的以太坊钱包地址空投项目通证；或一些应用层通证项目方查找网络中其他同类项目的通证持有人，向他们以空投的形式发放一些通证。打个比方，这就像是在肯德基门口发放麦当劳优惠券。通过向类似通证生态空投项目通证的方式，聚集早期的潜在用户，并吸引市场的关注度。

（2）网站的注册用户：向网站的注册用户空投，也是目前常用的方式之一。本体网络 Ontology 便是向在其网站注册并接收新闻的用户进行空投。通过这种方式进行投放，持有者能够通过接收定期的新闻更新，更好地了解到项目的技术进展和市场拓展情况，进而与项目本身产生更密切的关联。

（3）产品的用户：如果公司已经有实际的应用软件或实体产品，可以向应用软件用户或购买实体产品（或服务）的用户空投部分通证。这些人已经是该公司产品和服务的体验者，如果能够让他们享受到公司产品增长的红利，那么他们对品牌的忠诚度和推广的热情也会更高。

（4）完成一定任务的参与者：有时项目组可以设定一系列任务，比如回答项目相关的问题、向他人推广和宣传项目或者使用以太坊钱包完成一笔小额转账等，为按要求操作者发放奖励，这种方式也是通过设立一定门槛来甄别潜在用户的有效途径。而获得奖励的参与者，对未来项目发展产生帮助的可能性也会比一般人更高。

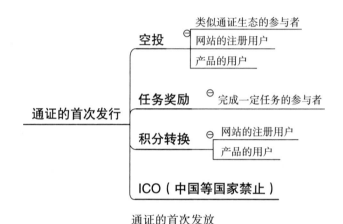

通证的首次发放

总而言之，空投和任务奖励的目的是让潜在用户或者热衷于区块链的人获得项目通证的相关信息，而选择的时机可以采用项目重要活动期间或者项目获得阶段性进展的时候，这样可以在市场宣传的同时进一步扩大项目的影响力。我们在2.4节中曾提到，有效参与者的增加会为整个生态提高价值，就像电话网络中只有一部电话时，这张网络毫无价值，而为了使其增值以创造网络效应，可以选择向部分特定参与者赠送电话以使其加入网络一样。

空投数目的设定也是一门学问，如果空投部分占总发行量的比例过低，则意味着在生态估值一定的情况下，空投部分的价值过低，这样会导致难以吸引持证者足够的兴趣和关注；而如果比例过高，则项目或企业可能会面临资金方面的压力，以及因早期参与者的红利过高，导致后期参与者保持一种谨慎的态度。同时，空投比例也应看项目团队的资金实力，如果后续的开发资金充足，那么可以适当提高比例，否则空投的比例不应太高，以避免后续资金不足的情况产生。总体来讲，空投的比例应该在整个发行量的5%～20%比较合适。

通证的初次发放主要满足两个目的：一个是筹集项目初始资金（由于国内的情况，项目方只能通过其他途径筹资）；第二个是吸引生态的早期参与者，并通过各种途径形成网络效应为生态的发展助力。

3.1.2 通证发行数目

通证发行数目分为两个方面：发行总数和初始流通数目（流通比例）。对于通证的发行总数，需要进行仔细推敲，过多或者过少都会产生问题。有些项目为了在二级市场上有好的表现，不考虑自己的项目估值空间，将发行量定为一个很高的数值（如 1000 亿），这样会导致其通证初始的法币计价非常低廉，以便于在二级市场上进行炒作，而真正在生态环境中使用时，动辄需要用到成千上万个基本单位。而有的项目将发行数目限制得较低，导致其在发展过程中通证的单价变得逐渐高昂，每次支付产品或服务时都要用到小数点后三四位数，这样也不利于未来的继续增值。

从人们的应用习惯来讲，使用通证支付生态内产品或服务时，其价格和法币的计价最好相差在一个量级之内。比如法币环境中价值两位数或三位数的服务（例如网络直播打赏或者虚拟游戏道具的采购），如果以通证进行计价，花费的是五六位数（通证单位价值过低），或者是不足个位数（通证单位价值过高），对有些用户来讲会产生一定的价值混乱和换算困难，可能会不利于生态的长期发展。

比如，基于聊天应用程序 Kik 设立的区块链数字化服务生态 Kin，其发行总量高达 1 万亿枚通证，目前（2018 年 5 月）流通量在 7560 亿左右，通证单价为 0.000 24 美元左右，这就给用户对应其实际价值产生了一定困难——当情人节收到爱人发送的 5201314 个 Kin 表示爱意的时候，能够快速估算出其大约价值区间的人可能并不多。通证单位价值过高也会产生类似问题，比如，使用新型DAG技术主打社交和跨链平台的Mixin项目的通证总发行量为1百万枚，目前流通量只有42.4万枚左右，这使得其通证单价最高曾达到2000美金左右。如果项目继续快速发展，那么用户想支付一个价值12美元左右的服务，想要弄清楚需要花费多少Mixin，可能要动用计算器才能不会出错。

另外，通证的发行总数也要考虑下面两个因素的影响：

（1）**项目的未来前景和生态估值空间**。在项目初始时，由于早期的估值较低，通证的法币计价也会处于较低的水平，但由于发行数目这一关键变量在发行之后便无法变更，这时候需要考虑的是整个项目发展前景和市场空间，并将其与发行总数进行相应匹配。

（2）**二级市场巨大波动对价格产生的影响**。由于区块链属于新生事物，在二级市场炒作方面也充斥着投机行为，牛市时"十倍币"甚至"百倍币"频出，而熊市时价格"腰斩""膝盖斩"甚至"脚踝斩"也并不罕见，在做数目初始设计时，也要尽量照顾到这一因素。

通证的初始流通比例和团队解锁周期也要进行缜密设计。因为这涉及该通证生态的当前估值和未来整体估值的关系，以及团队在项目开发过程中的资金流问题。如果初始流通比例过小，可能会被投资者认为团队权重太高而降低投资热情，而流通比例过高的话有可能会使得团队本身激励不足。而解锁周期则关系到团队的资金状况，周期过短同样容易让人担心团队有圈钱投机的动机，而解锁周期过长的话则会有资金流不能持续跟上的风险。

由于智能合约可以在项目伊始便将这些细则写入代码并程序化执行，这就要求企业和创始团队在项目开始时便对未来有较为具体的规划和较为实际的远景评估。程序化的执行使得一些条件不再具备灵活性，通证生态在为企业发展助力的同时，也对企业提出了更高的要求。

3.1.3 通证的用途设计

通证在生态中的用途需要很好地进行设计，因为这决定了其流通和被使用的模式以及未来价值增长的空间。需要明确的是，区块链和通证并非解决局部具体问题的万能方案，有时打破原有的商业模型从头进行设计一个抽象的体系是更为可行的方法。

首先要考虑的是通证的类型，是功能类（效用类），还是分红权或者其他权益类（证券或其他权益类）？还是两者皆有之？或是通证只作为促进实体产品营销增长的手段？

如果通证是功能类的，那么这种通证的价值只会在生态内流通，是承载价值的一种手段。比如以太坊主要功能是生态参与者利用其智能合约进行ICO融资，其可以作为投资方和融资方之间价值流通的承载媒介；去中心化交易所开源协议0x（ZRX），其通证的主要用途是作为生态中用户支付费用的手段，即作为0x所创造的生态中的价值承载媒介。根据第2章介绍的估值方法可以得出结论，当通证的流通速度即流动性增加的时候，商品或服务的通证计价会随之增加，从而使通证的法币计价相应升高。

如果企业决定将通证设计为一种效用，即将通证作为支付产品或服务（自身生产或平台内其他人提供）的一种手段和流通工具，那么就要先回答两个问题，即这种商品或服务可否直接以法币进行支付？通过使用通证，是否为生态内的其他参与者（比如用户或其他服务提供者）提供了额外的价值？多数情况下，只有不具备法币的替换性，且为其他参与方提供额外价值的时候，通证的用途设计才是比较成功的。显然，如果为他人提供价值，那么势必要让企业在传统商业生态中获取部分利益。不过，这种方式可以换取商业规模的扩大，同时也转让了原来企业所承担的部分义务（如服务器的运行维护）。

如果是某种权益类通证，或者是既包含功能性又包含一定权益的通证，那么就要考虑这种权益的价值，比如分布式交易所通证 NEX 既会作为生态内手续费的付款方式，也会发放给持证人作为分红，这种分红来自于在该交易所上用户进行交易时产生的手续费用。再如，持有公有链通证 NEO 会产生分红收益 GAS。这时，通证持有人更注重的是让标的权益的价值升高。

如果企业将通证设计为一种权益，比如单位通证代表 1g 黄金所有权的 DGX，或其他享受生态收入分红权的很多交易所通证，那就需要考虑如何找到合适的权益标的，以及该权益价值的公开审计情况，以解除持证人的担心。这种权益标的应该具备大规模共识以及一定网络效应，否则难以形成经济生态。例如，有个叫"香蕉币"的项目，其将通证价值绑定为每千克老挝美人蕉的价值，这种设计就属于共识不足和不具备网络效应的失败设计。

另外，纯粹使用通证促进营销增长也不失为一种途径。后面的章节中我们会对此进行详细介绍。传统企业也可以使用一些不可置换通证或者积分型的效用类通证来为营收增长助力。

另外需要考虑的是，是否需要设计锁仓机制。比如以 EOS 为代表的 DPOS 机制的公有链通证生态会要求区块链见证人持有一定数目的通证。以 Dash 为代表的主节点也有同样的设计。一些交易所通证，如火币网通证 HT 和 OKex 通证 OKB，对于超级节点或者专业投资人都有一定数目的锁仓要求。这种锁仓一方面可以锁定生态中的部分流动性，使得剩余的非锁定部分流动性提高，从而提高通证的价值；另一方面由于锁仓的参与方在生态内扮演的角色非常重要（如网络维护或项目评级等），如果动机不当可能会使得生态价值受损。锁仓可以使这些参与方出于对自身利益的考虑，而尽力维护生态价值。

3.1.4 组建和运营社区

如第 2 章中所描述，社区对于通证生态来说非常重要。那么，如何才能建立和运维好一个优质的社区呢？

(1) **信任感与价值确立**。这是几乎所有群组和社区运营者都需要突破的一环。在最初加入一个群组时,除非社区运营者自身有极的影响力,否则几乎所有用户在入群伊始,其心态都是"先看看这里有什么再说"。能否打破这种观望心态,在社区与用户间建立起信任感,让用户对社区产生明确价值诉求和依赖,决定了这个社区能否走向活跃。信任感通常产生于社区提供了超出用户预期的价值,即这一过程就是从"不确定在这里可以得到什么"到明确知道"这里可以给我提供什么价值"的过程。经过这一阶段,那些原本只是观望的用户会开始愿意更多地参与社区内的讨论和相关活动。

(2) **营造归属感**。社区的归属感指的社区成员间接纳、认同和鼓励的感觉。社区一个重要的特质就是成员间有内在的心理连接,这将社区形成的条件从共同参与同一个通证生态,深化到成员之间的互动,以及在互动基础上形成的具有一定强度的心理关系,即心理上的归属与热爱。有归属感意味着社区居民对所属社区的认同和参与意愿;意味着社区居民间频繁而有效的互动;意味着参与者对所属社区及其他参与者有发自内心的、物质上或精神上的关心、理解与支持。建立社区成员的归属感将会非常利于确保参与者对于生态的黏性。

(3) **去中心化与自生长**。社区的人际关系网络在开始时往往是一个高度以社区创办者、管理员或明星用户为中心的状态,这意味着存在较大的风险——社区的存活与发展,将取决于那少数的几个人。一旦这几个人不堪重负或者是明星用户离开,社区很可能将毁于一旦。事实上,这样的场景在很多社区的发展史上曾反复出现过。要解决这个问题,需要去中心化,把一个高度中心化的网络变成一个几乎无中心化的网络。比如通过培养和发掘多个明星用户,或引导、帮助社区内的用户间建立起关系,建立社区的去中心化网络和多元化的关系链。当社区中的多元化关系链被建立起来后,一个社区就具备了"自生长"的能力。这时候会有很多事件、话题和关系在社区内自然发生,这也是运营人员最希望看到社区内出现和发生的状态。此时社区经理应基于社区的共同价值观为社区的行为言论划出明确边界或者制定好游戏规则，以维持社区的成熟和活跃状态。[①]

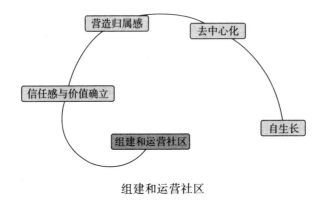

组建和运营社区

以上是建立生态系统初期要考虑的几个关键因素。为了让生态稳定、健康、持续地发展，还需要考虑通证的增发和销毁设计，以及再分配等要素，后面我们会继续讨论。

3.2 通证生态的维护与管理

一个良性发展的区块链生态系统应该注意几个关键问题：

（1）激励机制的建立；

（2）生态系统的维持；

（3）网络效应的形成；

（4）与现有解决方案相比的优势。

[①] 参见黄有璨所著《网络社区运营的核心要素都有哪些？》，https://www.zhihu.com/question/19559432/answer/22827742（访问于2018年5月）。

其中，激励机制和生态维机制中很多方法的目的也是形成网络规模效应。而企业同时也需要反复思考，与区块链进行结合，是否真的可以利用到区块链技术的特有优势，以判断其跟传统的解决方案相比是否具备竞争力。

3.2.1 激励系统的建立

激励系统的合理性是通证经济学中的关键部分，对于成功的通证经济体系的建立和发展至关重要。其实，不只是通证经济，激励系统对于当今社会的各种经济体都扮演着至关重要的角色。接下来，我们将以美国詹姆斯镇为例，说明激励系统是如何影响经济的。

詹姆斯镇（Jamestown）位于美国弗吉尼亚州，是北美地区第一个讲英语的殖民地。新移民们在最初的十年间在饥饿中度过，食物一直处于缺乏状态，超过80%的新移民在这段"饥饿时间"消失。然而，在这十年之后，殖民地蓬勃发展，新移民开始拥有充足的食物，当地的人口数也快速增加。

美国詹姆斯镇旧址照片

同样的人群，使用着同样的技术，到底是什么引发了这种变化？

在 1615 年之前，新移民们都去田地工作，然后平分这块土地上的产出。在这样的制度下，人们没有动力去努力工作，因为个人激励与总体的收益结果之间没有联系。1615 年，新移民们对规则做出了一个非常简单的改变，他们把农田进行了划分，每个人可以拥有自己的一块土地。然后，每个人可以自由地处理在自己土地上生长出来的果实。新移民的积极性随即被调动起来，纷纷种植起自己想种的农作物，不仅满足了自身的食用需求，还可以将富余产品与别人进行交易，食物也渐渐变得多样起来，小镇进而开始蓬勃发展。这项简单的激励措施的改变，结束了多年的饥荒并带来了丰富的食物供应。

人们经常容易对现有的激励机制产生不满。由于政策设计者往往试图指导团体的行为方式，却容易陷入没有预料到的场景中。激励系统在世界上发挥作用的情况是复杂的，并且通常超出了设计者的系统预测能力，所以设计者往往会凭借大众对之前系统的意外后果做出的反应，从一个模型转向另一个模型。经济的中心目标是使人们能够在一个联合的经济体中一起工作。要做到这一点，设计者必须调整个人与整体的行为。

相对应的，区块链网络都是关于协调参与者的协议。区块链网络的巨大创新是激励自治节点维护网络及共享基础架构的新系统。通证经济学再基于这种基础技术进行创新。通过通证化，我们可以将明确的激励系统纳入越来越多的商业领域。显而易见，通证在进行属性设计时首先要考虑的是激励问题，进而让参与者产生持续参与通证经济的动力，以及将自己的参与体验分享给更多人的动力。通过围绕不同的价值来源建立这些微型经济生态，以便将参与者的个人激励与提供整体功能性生态系统进行结合。㊀

需要被激励的生态参与方，主要可以分为以下几个。

㊀ 参见：complexitylabs,Token Incentive Systems,http://complexitylabs.io/incentive-system/, last visit May 5, 2018。

1. 资源提供方

资源提供方主要指基础网络架构的提供方，其中包含网络带宽、计算资源、存储资源等。它们在不同的生态中，有着不同的名称定义，如矿工、见证人、区块生产者等，而具体使用的资源需要看所建立的经济生态的类型。比如，比特币需要矿工们提供更多的计算资源，所以其基础架构以计算能力为主；SiaCoin 作为分布式的云存储硬盘，对于硬盘存储的要求更高；而 Steem 作为内容平台，对存储和网络带宽的要求较为平均。

可以看出，基础架构的资源提供方工作在区块链协议组的下层，即底层公链或者贯穿协议层组的闭环系统更需要对网络基础设施的提供方进行激励，从而保证网络的安全性、高可用性及可靠性，避免由于基础设施团队得到的激励不足而导致节点下线，影响整个通证生态的性能。

如果是架设在公有链之上的应用层通证生态，可以直接使用底层公有链的网络架构，而不需要过多考虑对于网络架构提供方的激励措施。

2. 内容、数据和服务提供方

在一个通证生态中，如果所有为生态提供附加价值的参与者都能得到相应的奖励，将有利于生态价值的持续提升——内容和服务的提供方就是这样一类参与群体。在 Steem 创立的生态中，如果创作优质的内容，同时被其他参与者认可的话，可以收到系统的激励通证，这就可以激励创作者进行更多的创作，从而使这个生态可以吸引更多地关注和参与者。由于在目前的商业环境中，内容平台的内容大部分还是免费的，付费内容的比例虽在逐渐增高，但仍然只占一小部分，所以内容提供方得到的激励更多应该来自通证的预留部分或者增发部分。服务的提供方则不同，例如，区块链上的滴滴打车的司机，或者区块链上的 Airbnb 的房主，生态中服务提供方得到的激励更多地来自于服务享用方的费用支付。

数据采集、大众预测，或者版权类通证项目中，数据和作品的提供方也为整个生态提供了附加的价值,同样值得被激励,而激励的来源应来自于相应数据和版权的使用方。同时,提供一些附加数据的参与者也同样值得被奖励,如在内容网络中对于发现优质文章并点赞以吸引更多人关注,以及发表优质评论的用户。这部分参与者虽然为生态创造了附加价值,但由于价值的来源不能具象到其他的参与者,所以激励应该由系统的增发或者是通证初次分配的预留部分进行发放。

3. 生态扩大的奖励

让更多人参与到生态中来,实现网络和规模效应,是每个通证生态的高级目标。通过让用户邀请朋友注册或体验生态中的产品或服务,两人都会收到一定奖励,这是国外很多企业中一种常见的推广模式。在传统的商业模式中,这部分成本由企业本身提供,而通证生态中,这部分奖励也可以依靠经济体的初次分配的预留部分,或者由系统的增发来提供,这就意味着通证的全体持有者承担了这部分成本。当然,从另一方面讲,通证的持有者也都享受到了参与者人数上升带来的通证增值。

3.2.2　生态系统的维持与发展

通证这项新生事物,将创始团队和参与者的利益紧密地连接在了一起,因为对于两者来讲,很多时候他们受益的方式是一致的,那就是通过通证的价值提升来获得更多利益。通证价值提升在不同的生态中有着不同的方式:在效用类的功能性通证生态中,通证价值增加的方式主要靠加快流通速度,即流动性增加,而在以股权类通证为首的权益性通证生态中,价值增加的方式主要靠资产的升值。

通证生态的持续发展,网络效应的形成,也要考虑下述几个方面的因素。

1. 经济模型的设定

经济模型主要考虑的是通证的增发设计:是永续增发的通胀型经济生态?

还是增发数目不断减少，或者不增发，甚至是不断销毁一些通证的通缩型生态？还是既包含永续增发逻辑，又包含使用销毁的复杂生态？

几种设计方式各有优劣，因为它们对于生态系统的早期用户和中后期用户的吸引力不同。跟通缩型生态相比，通胀型经济体对于早期用户的激励不足，而对于一个已成型生态的可持续发展和扩大帮助巨大，这可能导致经济体在未形成规模之前就宣告失败。而通缩型生态对于早期的参与者有非常好的吸引力，因为可以获得较多生态发展红利，而越到后面加入生态的参与者的动力就越显不足，因为自己在经济体中的一系列行为显得好像在给早期持证者"打工"，这就可能会导致生态的长期发展空间受到限制。

从经济学的角度来讲，通缩型经济体在长期来看往往难以成功。因为如果本币持续升值，在其他条件没有变化的情况下，经济体内的商品和服务的价值是不断在贬值的，这就导致人们没有动力去探索冒险建立商业（因为商业行为可能会让自己生产出更多商品和服务，但是收入所得可能会减少），并减少不必要的采购，只是囤积本币进行升值。

所以，一个长期稳定发展的通证生态应该略微通胀的，而通胀速度要考虑增发速度和生态发展的速度之间的比率关系。如果增发相较于生态发展的速度过快，会导致参与者财富缩水而积极性下降，而如果通胀过慢甚至通缩，如上面所说，对生态发展也不利。

由于系统的增发比例往往被事先约定于白皮书或者智能合约当中，后期如果再修改需要征得社区的同意且难度比较大，那么就意味着设计者对于未来发展的规划要较为精确，可以考虑规定一个区间范围来减小不确定性对于长期发展的影响。

2. 激励通证的来源

激励通证的来源可以有几个方面：通过经济体的增发、初次分配的预留部分和参与者的支付。

使用经济体的增发进行激励是相对最容易执行的，但是运用不好会比较危险。由于增发产生通胀本质上是稀释了所有持证人的权益，那么就很容易产生公平性问题。一般来说，在受激励方所做出的贡献没有明显的受益人时，适合采用这种方式——如在内容平台上发表优秀文章，所有人都可以公开阅读，生态的价值得到了提高但没有明确的受益人；或者是主节点运维区块链网络让所有人受益。在这种情况下，参与者的权益增加带来的收益超过了权益稀释带来的损失，在这种前提下，所有人都比较容易接受。

使用初次分配的预留部分进行激励，遭到社区阻力的可能性最小，因为参与者的权益并没有被稀释——那部分预留已经被预先设计在系统里了，只是开始时没有确定分配给谁。基于同样的原因，被分配对象也相对比较灵活。这种方案的问题是预留部分无论数目多少，始终是有限的，对于一个可能持续增长的生态，有限的流通供应可能会成为未来增长的瓶颈，因为当有限的激励通证使用完之后，后续增长将会缺乏动力。

参与方的支付是对于区块链生态发展最为健康的一种方式。它避免了之前提到的公平性问题和未来发展的瓶颈问题。那么对于通证项目来讲，核心的问题就是，以怎样的方式为参与者提供价值，使其愿意支付相关的费用。比如分布式存储云盘和分布式交易所的用户，其支付的通证就是云盘网络中存储空间，或者交易中产生的手续费，这部分支付便可以作为底层网络架构激励手段，如果有剩余还可以考虑给所有通证持有者进行分红。

3.通证价格剧烈波动对生态的危害

国家之间的货币战争会导致经济体被狙击甚至金融洗劫，那通证的价格波动也可能会导致生态参与者的财产损失和参与热情下降。如何保持币值的相对稳定，也是一个需要考虑的重要问题。

如 2.2.1 节所说，跟传统商业环境有所不同的是，通证生态中的参与者带有双重身份——消费者与投资人。偏重投资人身份的参与者可能对于价格的波动习以为常，因为他们可能已经具备一定的投资基础知识和阅历，而偏重消费者身份的参与者则不然，他们对于手中通证价值的巨大波动，以及其可以换取到商品和服务的不稳定性，往往没有很好的心理准备，这就导致在价格暴涨暴跌时产生极端情绪，对于通证生态的长期发展产生不利影响。在这种情况下，引入"市值管理"机制，降低通证价格的波动率，也就格外重要。

4. 多种类型的激励

通证经济体的设计中，存在一个难点：即通证价值升值逻辑与网络效应形成逻辑之间的调和问题。如果通证价值升值逻辑过强，比如强烈通缩，则导致参与者更乐于囤积，而花费意愿不强；如果通证升值逻辑过差，如通胀较高，则导致接收方不愿意收到通证。两种情况都导致通证在生态中的流通性不足。所以，价值稳定和缓慢增长是通证设计的最高目标。但这又带来了新的问题：由于通证增值的速度不够吸引人，新参与者的投资意愿（投资属性）会比较弱，从而导致网络效应难以形成。这时候，就需要其他的生态要素提供足够的吸引力，激发用户的消费者属性。也就是说，生态的经济系统设立只是一个方面，更重要的是如何依靠生态内的优质商品或服务吸引到更多的参与者。

总体来说，一个优秀的通证生态系统的最终目标，应该将通证价值的逻辑和经济系统的逻辑很好地配合在一起。通证价值提升的逻辑需要考虑通过什么样的应用或市场行为促进升值，然后考虑价值提升之后如何吸引更多的资源和价值到经济体系当中。在吸引了更多的资源之后，经济系统的逻辑需要让这些资源配合生态内生产率的提高和资源优化，促进经济体的繁荣，继而推动通证价值的进一步提高，最终形成良性的生态成长的正反馈机制。⊖

⊖ 参见：火星财经：《通证学派孟岩：区块链与通证是最佳拍档》，http://www.huoxing24.com/newsdetail?id=2018041410401296217（访问于 2018 年 5 月）。

3.3 企业与区块链结合

由于区块链包含丰富的可能性，不同行业的企业也有多种与区块链结合的可能性和不同的切入角度，接下来我们会结合几个不同的情况进行探讨。

3.3.1 传统企业如何与通证结合

对于传统的企业来讲，如何与新生事物结合是个棘手的难题，本节将从两种情况来讨论，传统产业可以通过什么样的方式与区块链结合。

1. 卖面条的公司如何通证化？

投资人 BMAN 曾经提到过一个原始版的 ICO 案例——小浣熊干脆面。⊖

BMAN 先提出一个问题：一个传统的卖面条的公司如何来发行通证？理论上，可能实施的方式有好多，比如做面粉溯源，吃面换积分或一个通证换一碗，但是小浣熊干脆面给我们的答案就是赠送水浒英雄卡。

根据 BMAN 的观点，小浣熊的水浒英雄卡其实就是一个"原始版"的通证，而且是 80 后这代人参与的第一个"ICO 项目"。小浣熊卡总量有限，通过吃方便面"挖矿"产生通证，使用采购证明（prove of purchase）机制，发行价五毛钱，通过线下交易，最稀有的卡一度炒到过 100 块钱一枚。对小浣熊来说，水浒英雄卡也是一套拉新客户、提升活跃、库存转化、提升用户粘性和留存的机制。

正如 BMAN 所言，"区块链本质是分布式的公共协议加价值网络。那么一个企业通证的本质，就是通过区块链，重铸自己业务的共识和信任，搭建一套通证的价值激励体系"。⊜

⊖ 参见浪客行的《小浣熊干脆面——水浒传主题卡》，http://271586886.blog.163.com/blog/static/74874362201210286435180/（访问于 2018 年 5 月）。
⊜ 参见 BMAN 的《迷局还是转机，企业区块链转型的 6 个方向》，https://mp.weixin.qq.com/s/pc9dFHrgOwrXi3qS5_DiYw（访问于 2018 年 5 月）。

第 3 章　企业通证设计

小浣熊的水浒英雄卡

对于传统行业的企业来讲，可以考虑把资产区块链化。资产可以是一些排他性的可以数字化的资产，如房产、专利、作品、商标等（使用"不可置换通证"），也可以是目前企业的现有积分体系（使用标准的"可置换通证"）。

甚至，企业可以创造一种排他性的资产。例如，加密猫这种虚拟宠物资产，或者像 Decentraland 那样创造总量有限的虚拟数字土地，进行拍卖，不同的地段拍卖出不同的价格，买家可以利用这些数字土地建造自己的数字商业王国，开店铺挂广告收广告费，也可以出让这些虚拟土地增值。

比如，一家饮料或食品生产企业，可以在产品内封中印一串代码，这串代码对应区块链上一种独一无二的虚拟资产，可以结合某种动画片中的授权卡通人物形象，或者是古典名著中的形象，或者是独立创建的一套新的有吸引力的 IP 形象，来激发消费者的收集和分享热情，从而达到低成本取得高成长的目的。

2. 会员积分体系的通证化

如果是一家已经有积分体系的企业，比如航空公司或者连锁酒店，已经具备了现有成熟的会员里程积分或消费积分体系，那么可以考虑将现有会员积分体系迁移至区块链当中。

据海外一项调查数据显示，传统的会员计划已经很难建立或者维持热度。由于会员积分获取规则的不透明、应用的不易操作性，以及流通的局限性和兑换奖品的难度，客户已经逐渐厌倦了来自不同商家的会员积分体系，部分人选择把应用程序删除，或者把会员卡束之高阁。

小型零售商和在线商店，那些曾经从会员客户和品牌拥簇者重复消费中受益的企业往往很难延续之前的成功，很多企业尝试使用会员计划获取流量都未能有特别成功的结果。表面看起来，商家会因为有些沉淀积分因过期被废弃而得到一些短期收益，但是与从会员计划中获取新客户和保有现有客户的角度来讲，这些收益显得微不足道。

将会员计划的积分体系迁移到区块链上，有如下几点好处：

（1）通证系统比积分体系更加透明。在传统的会员计划中，由于顾客对于积分获取规则的不明确，以及积分兑换的标准常有变动，整个积分体系像是企业的一个黑箱，在外界看来不能很直观地了解，导致很多顾客对于获取积分以及使用积分兑换服务或商品的热情不高。而区块链将改善这一情况，智能合约可以保证通证的首次发行、增发、获取、以及转换透明化，可以打消顾客心中的疑虑，让顾客对会员计划有更强的信心和更大的兴趣。

（2）方便易用，降低开发费用，提高兑换比率。在传统的会员积分计划中，每个公司需要自己开发一套应用，进行积分的查询、显示及消费，而消费内容无外乎是本公司的产品或者一些周边赠品。如果使用基于某条公链（如以太坊）的通证，那么顾客获取到的积分可以十分方便地使用统一的区块链钱包进行查看，不必为每个公司的消费单独使用一套应用。由于区块链快速发展的特性，未来区块链资产类应用很可能会出现类似当今微信支付和支付宝一类的高频应用，这样小企业一方面可以节省应用开发成本，另一方面可以借助区块链钱包的流量红利，更好地将自己的产品推销出去。同时，客户也更容易使用其手中的积分，从而对公司的产品产生更高的忠诚度。

（3）**提升流动性**。传统会员积分计划中的积分使用场景非常有限，除了兑换商家本身提供的服务外（如换机票、酒店住宿），最多就是在官网兑换一些礼品。这些礼品有时需要过高的积分额度，有时并非顾客真正想要的，虽然偶尔会提升顾客的消费欲望，为了凑足高一级别的积分等级额外购买一次服务，但总体来讲，在商品和服务供给非常充足而且获得途径非常便捷的互联网时代，这种看似促销的手段最终也会使得积分的利用率不高，对于部分人来讲形同虚设。流动性的缺乏也使得传统会员积分这项资产的价值大打折扣。而将积分体系通证化之后，通证的流动性大大提升，通证的持有者可以方便地、不受额度限制地进行变现，不用再担心还差多少积分才能进行兑换或者变现，这样就大大提高了流动性和其内在价值。

（4）**增值与获客**。企业的最终目的是盈利，而利润增长主要来源于客户数目的增长和单个客户营业额的增长。会员计划的区块链化，可以是一种企业的营销手段和低成本增长方式，首先得保证用户留存和用户活跃度激活，之后进一步的目的才是新用户的获取。

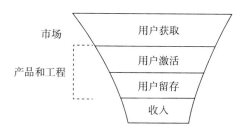

由于通证发行的透明性和外部性，一旦发行规则确定后，通证便不再在企业的内部循环，而且其价值不再由企业自身决定，而是由市场决定。因为客户使用通证的方式并非只能与企业进行兑换和交易，也可以与其他人，或

者是在二级市场上进行交易和变现，这样就使得通证价值更加公允且不容易被企业操纵或者暗中稀释价值。同时，由于通证的数目的确定性，发行规则和增发规则由智能合约限制，在供给（发行量）已经确定的情况下，需求量的提升会影响供求关系从而使通证的价值提升。这样早期用户由于可以享受到企业销量增长的红利，则更容易向周围的朋友推荐该产品，同时可以实现持有通证的增值。这样就节约了营销的成本，可以做到低成本依靠用户口口相传来达到"病毒式营销"的效果，让低成本获客增长成为可能。⊖

于是，具备会员积分计划的企业，将积分通证化后可以享受诸多的好处，也更容易实现全方位的增长。

3.3.2 互联网企业的通证化之路

1. 共享经济和平台服务类

共享经济在移动互联网时代取得了巨大的发展，共享单车（摩拜）、共享度假屋（Airbnb、途家）、共享汽车（滴滴）等，都快速增长为人人皆知的知名品牌。但是细细想来，它们的成功恰恰在于没有共享，只是将服务汇集起来进行出售。⊖对于平台服务类的公司也是如此，电子商务平台（淘宝、京东）、信息平台（58同城）、内容和社交平台（微博、知乎），无不是将信息和服务汇总，通过不同的形式将其出售。

本质上来讲，这两类企业提供的都是一种中介服务，通过中心化的信用担保，将信用和服务汇集此处，并撮合不同的生态参与对象。如之前章节所说，区块链会对使用中介服务类的商业模式企业产生巨大的冲击。假设Airbnb不再是一家中心化的公司，而是在区块链上的一个分布式应用，这个

⊖ 参见：BitRewards, Why blockchain is a smart solution for loyalty programs, https://medium.com/@bitrewards/why-blockchain-is-a-smart-solution-for-loyalty-programs-9443af408f71（访问于2018年5月）。

⊖ 参见：BMAN：《迷局还是转机，企业区块链转型的6个方向》，https://mp.weixin.qq.com/s/pc9dFHrgOwrXi3qS5_DiYw（访问于2018年5月）。

区块链应用属于所有的房东和房客。当有人想租房，他们进入区块链的公开数据库和标准库，找到一个房东，通过公开账本鉴定房东本人和房屋对象，并且自动通过通证解决支付问题，甚至解决匿名评价和虚假评价问题，那么这个生态将会对于参与者有极大的吸引力。

这种情况下，平台类互联网企业的通证化之路可能有以下两种：

第一种是使用通证，拓展原平台主营业务周边的领域，比如社交平台拓展游戏业务、直播业务通证化等。

坐拥着巨大的流量资源，平台巨头们向周边领域拓展的优势可谓得天独厚。不过，很多企业的周边业务拓展并非一帆风顺。例如，社交应用巨头Facebook近年来的游戏业务发展一直不温不火。2018年4月的数据显示，2018年第一季度Facebook营收的近99%来自于广告业务，高于上年同期的98%，2012年时这一比例仅占84%。含游戏业务的非广告业务营收下降至1.71亿美元，低于上年同期的1.75亿美元。在这种情况下，平台巨头可以选择将主营周边业务与区块链结合，如社交平台把游戏内资产及交易数据上链，或者游戏应用本身与区块链结合，在自己主营的社交周边领域进行突破。

第二种方向是复制自己的主营商业模式，建立闭环的区块链生态系统。

通过Steem的成功案例，创业者们已经发现在区块链领域复制和挑战平台型业务的可能性。例如，Alibaba和Ebay提供的是买卖双方的中介，区块链中的类似项目Openbazzar已经上线运营两年，不过目前发展还是不温不火；Airbnb提供的是房屋短租的中介服务，也有区块链项目如Bee Token已经上线Beenest；Linkedin依靠提供职场信息中介服务取得巨大成功，而其创始人之一Eric已经启动了新项目HUB，目的是为了挑战自己之前的成功作品；Uber和滴滴提供车辆共享经济的中介服务，区块链项目Arcade city便是其对标平台；而区块链主打社交领域的项目GSC更是号称已经坐拥几个平台共计上亿的用户，目标直指 Facebook。

看着这些后起之秀，平台巨头们怎能不担心自己在未来的区块链时代，像数码相机时代的柯达、智能手机时代的诺基亚一样逐渐没落？这时，一味进行防守策略来保持自己的地位，并不是长久之计，而在这个技术、市场、用户理念快速变化的时代，只有不断变化才能跟上时代的步伐。"最危险的事莫过于原地不动。"——Intel 前 CEO Andrew Grove 在《只有偏执狂才能生存》一书中曾这样描述到。即便平台巨头具备的一定的护城河资源，但跨界竞争也不得不防。就像汽车广播受到打车软件的冲击，尼康中国破产的原因是智能手机的摄像头越来越清晰，康师傅和统一方便面销量大降是由于美团、饿了么等外卖服务的流行——"我消灭你，与你无关"，小说《三体》中这句霸气外漏的语句，正成为当下商业竞争环境的残酷现实。同时，这也是平台型互联网企业在未来发展中最为担心的。如果未来数据"上链"成为主流，获取数据的难度不像现在这么大，平台巨头们很可能会面临来自区块链新秀的巨大挑战。

那么，这些企业可否会基于区块链建立一套独立的平台，采用与原有同样的业务模式，套用通证经济的模型，直接与自己的原有核心业务进行竞争呢？这十分有可能，但需要它们突破既得利益的纠葛和传统思维的禁锢。

类似的例子比比皆是。早在1986年，也就是索尼率先市场化数码相机的11年前，柯达工程师史蒂文·赛尚便造出全世界第一台数码相机并申请了相关专利，足以证明柯达并不缺乏相关技术和人才。但是，由于管理层战略保守以及发展数字业务可能对其垄断地位的胶卷业务产生冲击，柯达在数字业务的发展方面一直落后于其他竞争对手，最终使得这家百年老店在数码相机行业流行二十多年之后难逃破产保护的命运。

移动的飞信比微信早推出4年，产品风靡一时，注册用户一度达到5亿人之多，是国内首个通过固定和移动网络终端发送消息的大规模落地应用。

但是由于产品与核心业务的捆绑（绑定手机号）、跨网的瓶颈，以及对短信主营业务的冲击和一些既得利益冲突，飞信的发展最终昙花一现。而当微信几年后席卷市场时，面对着不可避免的短信业务巨幅缩水，运营商再度重启飞信、易信等类似业务尝试跟随创新时，已为时已晚，再无任何竞争力可言。

商业巨头设计出与原有主营业务相竞争的产品或业务模式并进行大规模推广是相当困难的，原因不难理解。

第一点是既得利益的纠葛：新业务的部门经理再有决心，也难以在公司中获取到所需的资源支持；即便管理层也坚持新的方向，也难免受到股东方面的压力和市场对于业绩增长的持续关注。从而与稍纵即逝的技术或商业模式创新擦肩而过，只能在新领域的后起之秀逐步崭露头角之后，被迫进行业务模式转型，并在新领域里苦苦追赶。

第二点是传统思维模式的禁锢：一项新产品或者新模式诞生时，往往在很多方面距离市场上的成型产品或具有较大差距，或存在原有产品固有的思维模式的影子。比如佳能制造出的首款数码相机的拍摄质量，跟胶卷相机相比更像是个玩具，而奔驰宝马和丰田发展的电动汽车，更注重硬件方面对于电动性能的改变和适配，在软件方面距离特斯拉则是差了一大截。

那么，对这些互联网企业来讲，是否转型和如何转型是一个必须深入思考的问题，因为它们面临着来自这项新模式最直接和最严苛的挑战。如果企业主动与区块链深度结合，在区块链上重新搭建类似的商业模式，必将让渡企业的部分利益给生态参与者，使得自身利益受损，但是正如乔布斯所说，"与其让别人来革你的命，不如先下手为强。"谋求转型，放弃部分短期利益，寻求长期的更大发展空间，可能是一项明智之举。

2. 互联网金融

目前，互联网金融企业的发展面临着两个问题：流量问题和数据问题。具体来说，由于流量掌握在大型的流量中介（如互联网平台）手中，而真正的持牌机构和资金端企业，对于客户获取和把控能力较弱。另一方面，数据问题也十分严重，一是征信等数据的使用成本很高，二是数据孤岛问题严重，即数据分散在不同的机构和团队中，互相之间缺乏沟通，而单个机构的数据覆盖率不足。这种情况就造成了互联网金融企业的定价难和信息传递难的现象，只能靠增加风控环节来消除信息的不对称性，而这必然导致成本上升并转嫁到借款人身上。[1]

而区块链可以解决金融领域大量的信息不对称和市场失灵现象。一些区块链项目致力于解决信息上链和征信问题，通过与这些项目结合，互联网金融企业可以更方便地获取到丰富和真实的征信信息。同时，资产的区块链化和资源共享将大大丰富互联网金融的服务内容，更加便于实现金融的本质——通过社会资产的调配以实现价值最大化。

目前利用区块链技术进行数据征信的项目一般采用以下的模式：使用通证进行激励，鼓励数据方将数据上传到区块链当中，并且让高信用级别的第三方核实验证上传数据的真实有效性。如果最终数据有误，则降低数据方和验证者的信用等级，并将其记录在区块链当中。而数据的需求方可以通过支付通证的形式，查看区块链中已经存有的信息，或者发布任务让数据方提供相关信息。这样形成的以征信为主的数据生态，可以降低或消除信息的不对称性，降低参与者的交易成本。

而互联网金融企业，可以分为两类参与者，他们有着不同的通证化方向。

互联网金融平台

互联网金融平台本质上来说，也是提供信息及流量的中介业务，如上一小节所说，未来该类型的业务会受到数据征信项目的极大挑战。这种情况下，

---

[1] 参见36氪中的《区块链要颠覆互联网金融？》，https://36kr.com/p/5130062.html（访问于2018年5月）。

企业可以通过两种途径与通证经济结合：

第一种是组建区块链技术团队，利用手中的信息和流量资源优势，开发数据征信的通证项目，这样，平台可以将信息与资源以通证化收费的方式，提供给所需要的金融机构和资金方。同时，平台可以与更多的信息提供方合作，共建繁荣的通证生态。

第二种是与领先的数据征信项目进行合作，将自身的数据与区块链进行对接，以得到区块链的通证激励。这样，一方面可以从另外的形式中获取到业务收入，又能够从通证生态的成长和通证本身的增值中获取到更多的价值。

诚然，这种方式会降低平台企业自身的竞争壁垒，可能会对短期利益有所损害，但是从长期来看，一方面可以从生态成长中获益，另一方面，如果不能积极参与到通证的经济模式当中，可能面临在未来竞争中落伍甚至被淘汰的风险。

互联网金融持牌机构和资金端企业

在互联网金融的商业生态链中，由于缺少流量和信息优势，不少互联网金融持证机构和资金端企业，特别是中小型机构和企业，摄取到的商业价值比例比较有限。而区块链与通证经济形式的出现，可能会改善这一现状。

具体来讲，这类机构和企业可以积极地参与到数据征信类的通证生态当中，使用通证支付来查看链上已有数据，或者通过发布任务来获取新的征信数据。通过第三方验证的形式，机构和企业可以降低一些既有开支（如流量、催收等），同时，由于减少了对于数据采集、分类和挖掘等工作，持牌机构和资金端企业可以将更多的资源投入到金融产品和服务的开发当中，也可以在原有的商业模式上进行进一步的创新，比如将不同类型的资产（如房产）区块链化，或者根据新的风险水平进行定价模型的更新等。这样，持牌机构和资金端企业可以通过积极参与通证生态，获得更大的商业发展空间。

3.4 本章小结

通证经济的大潮来临，企业即使不能积极地拥抱新的技术和商业模式，也要尝试了解一下其中的各种要素。这样一方面是为了探索自身如何与区块链结合以保持市场地位并持续增长，另一方面可以了解后起之秀可能会从哪个方面发起竞争，避免被"看不到的"跨界竞争对手击败。

在设计和建立通证生态模型时要考虑通证的初次分配、发行数目、作用和社区组建几个方面的问题。ICO目前仍是通证初次分配的主要方式，在禁止或限制ICO的国家也可以采取空投、会员积分转换、完成任务奖励等方式进行通证的初次分配。通证发行数目分为两个方面：发行总数和初始流通数目（流通比例）。通证的发行总数也要考虑项目的未来前景、生态估值空间及二级市场价格波动等因素的影响，在设计通证的作用时要考虑通证的类型及是否要建立锁仓机制。组建和运营社区是个持续运营的过程，首先是信任感与价值确立，其次是营造归属感，最后是去中心化与自生长。

一个良性发展的区块链生态系统应该注意激励机制的建立、生态系统的维持、网络效应的形成、与现有解决方案相比的优势等关键问题。通证生态的持续发展、网络效应的形成需要考虑经济模型的设定、激励通证的来源、通证价格剧烈波动对生态的危害、多种类型的激励等因素。

由于区块链包含丰富的可能性，不同行业的企业也有多种与区块链结合的可能性和不同的切入角度。对于传统行业的企业来讲，可以考虑把资产区块链化，或者考虑创造一种排他性的资产，还可以考虑将会员计划的积分体系，迁移到区块链上。互联网企业面临着来自区块链最直接和最严苛的挑战，谋求转型，放弃部分短期利益，寻求长期的更大发展空间可能是它们最好的选择。

第4章
区块链治理

通过对开源软件项目和互联网管理项目的大量研究表明,"治理"普遍存在且具有重要意义。同样,区块链治理对于缓解区块链协议中的社会冲突并确保其正常运转具有重要的作用。目前,有很多区块链社区倾向于搁置治理问题,有时甚至否认治理问题的存在,这可能会衍生出一系列的问题。有学者指出,"对区块链治理的研究不需要将当前的实践形式化和制度化;相反,区块链治理应该被看作是更好地理解某一区块链如何产生、如何改变以及发生协议冲突如何解决的必要步骤"。⊖

⊖ Odysseas Sclavounis, Understanding Public Blockchain Governance, https://www.oii.ox.ac.uk/blog/understanding-public-blockchain-governance/(访问于 2018 年 5 月)。

4.1 区块链治理的概念

治理一词在政治学领域通常指国家治理，即政府如何运用国家权力（治权）来管理国家和人民。同时也可以延伸到其他领域，比如商业领域的公司治理，指公司等商业组织中的管理方式和制度等。

联合国全球治理委员会对治理的概念进行了界定，认为治理是指"各种公共的或私人的个人和机构管理其共同事务的诸多方法的总和，是使相互冲突的或不同利益得以调和，并采取联合行动的持续过程"，这既包括有权迫使人们服从的正式制度和规则，也包括各种人们同意或符合其利益的非正式制度安排。㊀

近年来，"治理"的概念逐步延伸到了区块链领域。区块链治理具有两个不同的概念，一是内部治理，二是外部治理。"所谓内部治理的概念，是指区块链网络的底层协议和共识机制的设计，协议和机制能通过什么样的机制进行改善和改变？所谓外部的治理，是指我们如何利用区块链作为一个工具，改善外部的组织和政府治理的流程以及系统，从而更好地平衡好民主和效率之间的矛盾，更好地让所有的关系人有更平均的参与机会，最终达到更好的生产力的促进，这是两个不同的概念。"㊁

如无特别说明，本节讨论的区块链治理是内部治理的概念。具体到基于区块链建立的开放社区来说，区块链治理指的是参与创建、更新升级和废除某些正式或者非正式的系统规则的行动。这些规则可以是代码（智能合约）、罚则（如针对恶意行动者的处罚措施）、流程（如当某事件发生时，需要进行什么操作）或者是责任（规定某个参与方必须做什么事情）。

㊀ 参见 MBA 智库百科中的《治理》，http://wiki.mbalib.com/wiki/%E6%B2%BB %E7%90% 86（访问于 2018 年 5 月）。

㊁ 人民网：《如何理解区块链治理？林钜昌：要区分内外部的不同概念》，http://gz.people.com. cn/n2/2018/0529/c385935-31637060.html（访问于 2018 年 5 月）。

区块链治理可以分为链上治理（On-Chain Governance）和链下治理（Off-Chain Governance）。

1. 链上治理

链上治理使得协议方可以决定区块链本身的发展方向。这里的参与方包括通证持有者、开发者、网络运营者（矿工或见证人）。链上治理将更改建议写入区块链协议的代码当中，开发者可以将建议的更改提交到区块链的更新中，而每个通证持有者都可以对此投出赞成票或者反对票。㊀

链上治理被认为是许多"区块链3.0"项目的核心，例如Tezos、DFINITY和Cosmos等。链上治理带有理想主义的色彩，它尝试摆脱传统组织结构中人治带来的不确定性，改为高度机械化、自治化的民主。㊁

2. 链下治理

与之相对的是链下治理。这也是很多早期的区块链项目采用的管理方式——由社区信任的人聚集在一起形成一个小组，负责区块链的治理和利益的划分。该小组负责修复协议中的安全漏洞和隐患，提高区块链的可扩展性并增添新的功能。同时，作为代表参与公开的讨论和生态会议，以保持用户、企业和矿工之间的权利平衡。早期的区块链项目大多采用这种治理方式，例如比特币、以太坊、莱特币门罗币和Zcash等。

链上治理与链下治理两者主要的区别在于，前者是默认选择性加入的（opt-in），而后者默认是选择性退出（opt-out）的。在链上治理协议中，参与者需要采取行动才能参与治理过程。而链下治理中，大部分人可能并不知道也不能影响治理过程。㊂

㊀ Investopedia,On-Chain Governance, https://www.investopedia.com/terms/o/onchain-governance.asp（访问于2018年5月30日）。

㊁ haseebq.https://haseebq.com/blockchains-should-not-be-democracies/（访问于2018年5月30日）。

㊂ 区块网：《区块链治理（OnChain Governance）与智能合约的新方向探讨》，http://www.qukuaiwang.com.cn/news/6659.html（访问于2018年5月）。

区块链治理分类

4.2 区块链治理的技术支撑

任何治理系统都需要一定的治理技术作为支撑。**首先是规则的记录**，需要有一种技术来记录相关的规则，并可以保证规则记录的准确性、完整性和安全性；**其次是规则的交互**，需要有一种技术来支持成员参与规则，根据规则开展相应的活动，比如如果某个规则授予成员投票权，需要有相应的投票技术安排来支持成员的投票行为；**三是规则的执行**，需要有一种技术来保证既定规则的执行。

区块链技术提供了全新的方式来实现治理的基本功能。**第一，区块链是一种理想的记录信息的方式，并且能够在记录之后进行验证**。存储在区块链上的信息是分布式的，这就意味着这些信息的破坏会很难，访问会很容易。所有人都可以验证区块链上的给定输入从创建之后就不会更改，以及验证这些信息是通过一种特殊的流程创建的。**第二，区块链提供了一种新的方式与规则进行直接交互**。智能合约技术能够将相关的规则转化为智能合约代码存储在区块链上，成员与规则的交互可以通过与智能合约账户的互动来实现。**第三，区块链提供了一种规则自动执行的技术**。智能合约技术为规则的自动执行提供了有效的支持，当规则被表示为可执行代码时，该规则可以在满足触发条件时被执行。㊀

共识机制是区块链治理的底层技术。区块链治理技术主要通过共识机制

㊀ 参见 Kyle 的《区块链治理的理解与应用分析》，http://www.8btc.com/blockchain-governance-application（访问于 2018 年 5 月）。

来完成，共识机制的本质是"在一个分布式系统中如何通过一些算法，最后取得数据的一致性，即在不能相互信赖的环境中创造出一个可信的系统。"⊖ 共识机制主要有工作量证明（POW）、权益证明（POS）、股份授权证明（DPOS）、实用拜占庭容错（PBFT）等。

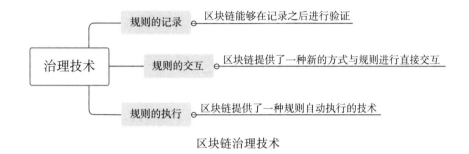

区块链治理技术

（1）P0W（Proof of Work），工作量证明。即网络上无数节点（矿工）竞争记账权，对某个特定数学问题求解（找出哈希值小于某个预定的数值），第一个求解成功的节点，在全网所有节点的见证下，完成一个新区块的创建（一个区块的打包、记账），并得到系统提供的通知激励，比特币等虚拟货币类采用此类共识机制。

（2）POS（Proof of Stake），权益证明。即在一段时间内节点愿意锁定的通证数量，节点以此可以获得相应比例的机会成为下一个区块的创建者而获得激励。从某种程度上说，这也是一种工作量证明，因为权益是一种"工作量证明"的证明。量子链、以太坊正计划过渡到此类共识机制。当前以太坊使用的是工作量证明机制，但预计未来会实行POW和POS混合机制。

（3）DPOS（Delegated Proof of Stake），股份授权证明。与POS原理一样，通证持有者投票选出若干代理人节点，由代理节点负责验证交易和记账。EOS等采用该共识机制，同时还制定了生态内的"宪法"，用于解决争端，其

⊖ 参见王春卫所著的《区块链究竟是怎么玩治理的？》，发表于《董事会》2018年第4期。

还组建了社区以提高持证者的投票比率。

(4) PBFT (Practical Byzantine Fault Tolerance),实用拜占庭容错。是一种基于消息传递的一致性算法,即每个节点都向其他所有节点广播自己选票,每个节点都按照多数票的决议来执行,算法经过三个阶段达成一致性。

不同的区块链共识机制适用于不同类型的应用。POW,类似中彩票,是通过数学和密码学来选举的方式;POS 与 DPOS,会根据持有的权益(通证)来确定记账权,这将将记账权及信任寄托于区块链中通证持有人,前者类似股东会投票,后者相当于董事会投票;PBFT 是一种传统的一致性算法,本质上就是利用通信次数换取信用,每个命令的执行经节点间两两交互去核验。⊖

4.3 链上治理和链下治理

关于链上治理和链下治理的优劣,目前存在着许多的争议。

4.3.1 支持和反对链上治理的理由

链上治理通常被认为具有以下几大主要优势。

(1) 与比特币所倡导的高度保守的理念不同,它可以迅速发展并接受必要的技术改进。

(2) 通过建立一个明确的去中心化框架,可以避免链下治理上的已知缺陷,人们觉得链下治理太不稳定,又容易出现链分裂,或是变得在事实上过于中心化。

(3) 链上治理有利于确保流程的贯彻执行,从而提高协调性和公平性,

⊖ 参见王春卫所著的《区块链究竟是怎么玩治理的?》,发表于《董事会》2018 年第 4 期。

也允许更快的决策。○

而链上治理的方法被一些人所反对，目前主要反对的理由如下：

（1）纯粹的民主有可能会导致"公地的悲剧"。公地的悲剧是指，多人对于一项公共资源或财产拥有使用权，当每人都无权阻止他人使用时，每个人都倾向于过度使用，从而造成资源的枯竭。过度砍伐的森林、过度捕捞的渔业资源及污染严重的河流和空气，都是"公地悲剧"的典型例子。之所以叫悲剧，是因为每个当事人都知道资源将由于过度使用而枯竭，但每个人对阻止事态的继续恶化都感到无能为力。而且都抱着"及时捞一把"的心态加剧了事态的恶化。○

而在链上治理的全民投票中可能会发生类似的情况，每个人为个体的利益进行投票，最终导致某方面的参与者（如矿工）利益受损从而离开网络，继而损害通证生态的价值。同时，对每件事情进行链上投票可能会造成选民冷漠、参与度不高。重复而又烦琐的步骤，会让部分参与者感到疲倦，就算是美国总统大选这样关键性的事物，也面临着民众参与率日渐走低的态势。当参与率低下时，生态中的"大户"——持有通证数目较多的参与方，其投票的结果就显得至关重要，这可能会导致贿选的出现或少数人利益被照顾的风险。

（2）群体可能具备非理性的特征。正如在 2016 年美国总统大选中，候选人希拉里被频繁出现的假新闻（如网传她虐待儿童，后被证明为假新闻）缠身，而群众往往容易相信煽动性的消息而不愿花费时间去追根溯源查证其真实性，最终影响了其胜选的概率。古斯塔夫·勒庞在《乌合之众》一书中曾描写到，"群体常常会变得冲动、易变和急躁，没有能力做长远的打算和思考，而个体在群体中会逐渐丧失个性，形成一种缺乏独立思考、无意识的集体心理。"

○ 参见姚前所著的《区块链共识机制、隐私安全、治理机制、跨链的最新进展》，https://www.leiphone.com/news/201804/1wHvfuApZGk0fV4M.html（访问于 2018 年 5 月）。

○ 参见百度百科中的《公地悲剧》，https://baike.baidu.com/item/%E5%85%AC%E5%9C%B0%E6%82%B2%E5%89%A7（访问于 2018 年 5 月）。

互联网时代的信息爆炸式增长已经让人们由于信息过载而变得思考不足，如果在区块链的通证生态中，某些不怀好意的人煽动起了参与者群体非理性的一面，可能会让治理向着损害生态长期利益的方向发展。㊀

（3）链上治理存在网络安全隐患。有些人认为，链上治理存在风险，因为元系统一旦确定就难以再改变。正如直接写入的代码一样，一旦有缺陷，就会更快也更容易被利用。㊁

4.3.2　支持和反对链下治理的理由

支持链下治理的人认为，专业的事情应该交给专门的人士来解决。相比于普通用户参与者，专业的开发者或矿工更能理解区块链未来的方向，做出的决策会更有利于区块链项目的发展。

链下治理的反对者认为，链下治理的方式非常中心化，其将权力过度集中于矿工与开发者手中，小型参与者只能被动地接受。

两个例子可以作为反对脱链治理的依据：

一个例子是 2016 年以太坊分叉事件。在 2016 年，"DAO 事件"导致了以太坊区块链分叉为以太坊经典和以太坊（本文将在第 6 章中详细介绍该事件）。当 DAO 受到黑客攻击以后，社区提出了一个软分叉方案，虽然实施起来更为容易，但是会有一些被黑客利用和攻击的风险。在当时的情况下，即便大部分以太坊社区都支持软分叉，但其核心开发团队还是根据以太坊基金会的投票结果实施了硬分叉的方案。很多人认为这违反了"代码即法律"的原则，而这件事情在当时对以太坊项目的声誉也造成了极大的影响。

㊀ investopedia, On-Chain Governance, https://www.investopedia.com/terms/o/onchain-governance.asp。

㊁ 参见姚前所著的《区块链共识机制、隐私安全、治理机制、跨链的最新进展》，https://www.leiphone.com/news/201804/1wHvfuApZGk0fV4M.html（访问于 2018 年 5 月）。

另一个例子是 2017 年比特币现金出现的一系列事件。在比特币过去多年的开发过程中，社区中的多数人都认为，提升比特币区块链的平均区块大小是未来发展的核心路径，而比特币的核心开发团队由自身的利益出发，迟迟拒绝这一改变，而自行采取支持闪电网络等其他的解决方案。尽管网络的持续拥堵和高额转账费可以为自身带来短期的收益提升，但是不少矿工从长远角度考虑，在多次共识会议无法达成统一的行动后，决定将比特币硬分叉而产生可变区块大小的比特币现金。

创始团队控制是常见的一种链下治理方式，但是这种方式难以长期持续，因为创始团队无法保证永久参与治理，也无法始终代表生态中多数人的利益。[⊖]

目前，关于链上治理机制和链下治理机制，仍处于争议和探索的过程中，尚未形成统一的意见。我们认为，两种治理方式并不存在绝对的优劣关系，而不同的通证生态可以在这两种方案的基础上，添加一些不同的元素来优化治理的解决方案。在后面的章节中我们也会介绍一些案例。

4.4 区块链治理案例

了解了影响区块链生态治理的多层次因素之后，我们来看一些不同的通证生态是如何设计规划和处理相关问题的。

4.4.1 链上治理案例：Dfinity 和 Tezos

Dfinity 和 Tezos 是链上治理的典型代表，其中 Dfinity 采取了其特有的区块链神经系统进行治理，而 Tezos 开发出了自己更新协议的方法：Self-Governance。

⊖ 参见 Vlad_Zamfir 的《Against on-chain governance》，https://medium.com/@Vlad_Zamfir/against-on-chain-governance-a4ceacd040ca（访问于 2018 年 5 月 5 日）。

1. Dfinity

Dfinity是无限扩容的智能分布式云计算网络,第三代区块链中的虚拟超级主机。其与众不同的一点是其独特的算法治理方式,它采用了一种称为区块链神经系统(Blockchain Nervous System)的方法。具体来说,在Dfinity项目中实施任意一个改动,必须经历以下四个步骤:提案提交、投票、提案评估和提案实施。

Dfinity官方网站截图

(1)**提案提交**:不同的提案可以被归为几类,如通证经济、政治层面或协议层面。提交提案需要预缴一定费用,如果提案最终被采纳,那么费用将被退回。这笔费用主要是用来防止恶意攻击和奖励高质量提案。

(2)**投票**:生态中的"神经元"可以对提交的提案进行投票。神经元是指,Dfinity生态中的由参与者使用特定软件来运行的投票实体。任何人可以通过在软件中存入一些Dfinities通证来建立一个神经元,存入的通证数目越多则投票权利越大。存入的通证在最少三个月(根据目前的情况)以上可以被提取使用。同时系统对于投票的神经元有着激励措施:好的决策将得到奖励;坏的决策会使生态恶化,从而使通证价值缩水,神经元的存款也会有损失。另外,神经元还可以选择自行投票,或者跟随某个特定神经元自动投票(为了让一些参与者可以根据专家意见进行选择）。

（3）提案评估：这一步会评估提案中描述的问题和提交的解决方案。Dfinity将其分为三个步骤。

一是建立合法性。对提案相关的参与方实体进行背景调查，以确保提案发起者和提案本身是合法的。

二是问题评估。对提案中的问题进行验证，评估其严重性。

三是解决方案评估。对于解决方案进行审查，以确保它可以解决问题，同时不会引发其他问题。

在所有这三个步骤中，进行研究的各方都得到了 DFINITY 的区块链神经系统的奖励，且该奖励必须由提交提案的实体支付。

（4）提案实施：DFINITY 的区块链神经系统将提案的实施过程区分了两种不同的情况——主动型提案与被动型提案。

被动型提案。提案改变的是系统的合约内变量（如采矿的奖励），在这种情况下，新的信息会在 BNS 智能合约中更新。

主动型提案。提案改变了 BNS 智能合约之外的内容。DFINITY 的 BNS 改变了它自己的智能合约之外的事情。对于这种修改，需要对 DFINITY 添加到以太坊虚拟机中的程序使用特别的命令。主动提议的一个实例是用来终止某些恶意的智能合约。

创立神经元存款机制的背后机理是消除恶意的行为。如果神经元投票赞成恶意的提案使其最终得以实施，那么生态的价值将大受影响。最终会导致 difinities 通证价值和作恶者的财富缩水。尽管如此，仍可能有一些恶意的提案最终被实施。为了降低这种情况下带来的严重影响，DFINITY 集成了版本控制系统，用户可以通过硬分叉回滚，使得恶意提案变得无效。另外，投票支持恶意提案的神经元将在分叉过程中被终止。

2. Tezos

Tezos 自称是一个注重安全、面向未来的智能合约系统，由于 Tezos 具有内置的治理机制，所以允许持币者通过投票的方式进行技术升级与迭代。Tezos 的开发团队认为协议的更新换代是不需要以分叉为代价的。所以他们开发出了自己更新协议的方法：Self-Governace，具体的做法是：

当 Tezos 需要更新它的协议时，它会在区块链上发起投票。而网络的参与者们，需要决定到底要不要实行协议的更新。如果大部分人同意，那么协议将会自动被编译部署到 Tezos 的测试网络上进行试运行。在一段时间的稳定运行后，将会发起另一个确认的投票，如果大部分人同意的话，那么这次协议将会生效，协议的更新将会自动部署到主网络上，并强制网络中的每个节点更新成最新的协议。使用这样的方法，Tezos 便避免了硬分叉的发生。[1]

在 Tezos 项目中，两种行为可以触发协议的变化：一是通证持有人的投票；二是更复杂的情况——协议仅在被验证其符合某些特征时才能被修改。

选举周期持续约三个月，可分为"四季"，每一季代表了治理模式中的不同进程：

第一季——批准投票：协议变更被提交，持证人可以批准建议的协议。

第二季——投票：持证人对上一季得到最高票数的议案进行投票。每种类型的决定（赞成、反对、弃权）都算做投票。

第三季——实施或拒绝：如果符合法定人数，即 80% 的通证持有人投票支持该变更，则变更将在测试网上实施；否则，提案将被拒绝。法定人数从

---

[1] 参见 mreko 的《下一个以太坊？10 分钟看懂自我修复区块链 Tezos！！！》，http://8btc.com/thread-68868-1-2.html（访问于 2018 年 5 月）。

通证持有人总数的 80% 开始，在每次投票后根据当前选举周期达到的比例，对法定人数进行更新。

第四季——可能上线：本季中通证持有人会再次投票。如果达到法定人数，且更改获得 80% 的赞成票，则当前在测试网上运行的协议将更新到主网上。

在 Tezos 运营的前十二个月，Tezos 基金会将拥有否决权，可以缓解由于未经测试的治理模式而可能出现的任何问题。

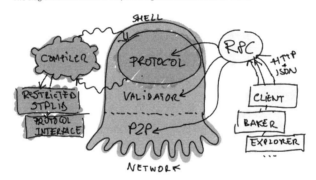

Tezos 白皮书截图㊀

4.4.2 链下治理案例：Decred

Decred 是一款专注于隐私的支付类基础链通证，目前仍通过理事会进行链下治理，未来将把决策制定的过程转移到链上进行。Decred 治理中的关键过程是仲裁团对于变动进行投票。仲裁团的成员由许可委员会选出。

㊀ Tezos 白皮书，http://doc.tzalpha.net/whitedoc/the_big_picture.html（访问于 2018 年 5 月）。

项目初期将会建立包括许可委员会在内的三个委员会，具体如下：

（1）**准入委员会**（admission consul）。准入委员会将投票决定候选人能否加入 Decred 仲裁团。仲裁团成员没有年龄或国籍限制，但必须满足以下条件：

- 申请者必须获得许可委员会成员 60% 或以上的选票。
- 申请人必须在 Decred 中参与了一段时间。
- 许可委员会认为申请人的工作及其对 Decred 的影响是有价值的。

（2）**任命委员会**（creation consul）。任命委员会的责任是建立新的委员会。

（3）**执行委员会**（attrition consul）。执行委员会的作用是终止某个委员会的功能及开除仲裁团成员。其终止仲裁团成员职能的标准如下：

- 消耗委员会的 60% 或更多成员必须投票赞成终止。
- 如果仲裁团成员不能完成各自委员会或仲裁团的职责，则会被终止职能。
- 产生损害 Decred 项目生态的行为且未尝试撤销的成员会被终止职能。

此外，Decred 项目设立了 365 天的最长解决时间。这意味着所有问题都必须在最长 365 天内通过投票解决。⊖

4.5 本章小结

近年来，治理的概念衍生到了区块链领域。区块链治理可以分为内部治理和外部治理。而内部治理又可以分成链上治理和链下治理。链上治理与链下治理的主要区别在于前者为参与者默认选择加入治理，而后者为参与者默

⊖ 参见 Leo poid 的《blockchain governance takeaways from nine projects》，https://med ium.com/@leo_pold_b/blockchain-governance-takeaways-from-nine-projects-8a80ad214d15（访问于 2018 年 5 月 5 日）。

认选择放弃参加或是退出治理。目前，关于链上治理和链下治理机制，仍处于争议和探索的过程之中，尚未形成统一的意见。

区块链技术提供了全新方式来实现治理的基本功能。第一，区块链是一种理想的记录信息的方式，并且能够在记录之后进行验证。第二，区块链提供了一种新的方式与规则直接进行交互。第三，区块链提供了一种规则自动执行的技术。区块链治理技术主要通过共识机制来完成，共识机制主要有工作量证明（POW）、权益证明（POS）、股份授权证明（DPOS）、实用拜占庭容错（PBFT）等方面功能。

区块链治理不仅是一个抽象的设计问题，更是一个社会的应用性问题。除去本章中提到的这些内容之外，治理问题甚至包含了更广泛的范畴——如筹资方面的治理，用以规范资金的来源、数目、管理、用途和汇报机制等。好的治理会成为一个通证生态的竞争优势，而失败的治理可能会给生态的发展造成负面的影响。为了保证通证生态长期、稳定、健康的发展，治理机制是值得每一位通证设计者和参与者深入思考和研究探讨的问题。

第5章

区块链通证案例分析

本章我们将介绍几类区块链通证项目和案例，分别有支付类、智能合约系公有链、大众预测类、区块链游戏、证券通证化和互联网平台类。我们对目前的项目情况进行了分析，并对未来的发展方向进行了展望。

5.1 支付网络的寡头垄断

作为区块链的开山鼻祖，比特币引领的支付应用无疑是落地最早并且应用最广的。必须特别说明的是，目前，中国各金融机构和支付机构不得开展与比特币相关的包括支付结算在内的各类业务。

目前在国外，已经有包含肯德基（加拿大）、赛百味、旅游网站 Expedia、新蛋网 Newegg 等上百家大型公司或网店接受比特币的支付方式，而且名单还在不断地增加中。另外，国外使用比特币作为员工薪酬支付手段的公司也在日益增加。2018 年 4 月，日本互联网巨头 GMO 便推出了一个全新的薪酬体系，公司旗下 4700 多名员工的部分工资会以比特币的形式发放。㊀

据数据统计，在发达国家和欠发达国家间的资金流动占最大比例的，并不是人们直觉所想到的公司投资或者国际援助，而是个人的转账汇款。就像很多"北漂"离开家乡在一线城市打拼，很多欠发达国家的人们也离开自己的祖国，去往更高工资的发达地区打工获取收入，同时将打工的部分收入汇往家乡。这部分资金流动每年在 6000 亿美金左右，而且在持续增长。

被誉为"数字经济之父"的 Don Tapscott 曾经举过一个支付类通证的案例。案例的主人公——艾米尔是一个在多伦多打工的"菲佣"，她曾经每月领到工资之后，会拿着一些现金到西联汇款的门店，汇款给她远在菲律宾家乡的母亲。西联汇款会收取她 10% 的手续费，之后花上接近一周的时间进行转账，而且她母亲也无法准确知道何时可以收到钱。后来艾米尔使用了一款基于区块链的 Abra 应用，她便可以直接将价值几百美金的支付类通证发送到母亲的手机应用账户中，同时她母亲可以点选最近的出纳将其兑换成菲律宾比索。整个过程只需要花几分钟的时间并且手续费也都低至 2%。㊁

由于从上面的例子中可以看出，支付类通证的相关应用已经形成对于国外的传统银行和支付清算体系的巨大挑战，未来存在颠覆国外银行的传统运作模式的可能性。接下来的 5.1.1 节就来介绍一下各种不同类型的支付类通证项目。

㊀ 参见 Jonas Chokun 的《From Who Accepts BitCoin As Payment? List of Companies》, https://99bitCoin.com/who-accepts-bitCoin-payment-companies-stores-take-bitCoin/（访问于 2018 年 5 月 5 日）。

㊁ Don Tapscott, How the blockchain is changing money and business, https://www.ted.com/talks/don_tapscott_how_the_blockchain_is_changing_money_and_business #t-784900（访问于 2018 年 5 月 5 日）。

5.1.1 比特币的众多小弟

1. 莱特币（LiteCoin）

莱特币是由美籍华人 Charlie Lee（中文名李启威）在 2011 年 10 月份创造的首代支付类通证，也是目前市场的老牌支付类通证之一。莱特币在网站主页对于自身的定位是一种点对点的互联网货币，可以为世界上任何一个人提供即时、接近零成本的支付。其早年的宣传口号"比特是金，莱特是银"也将该通证本身定位为比特币的小额支付补充，以及和比特币共生并存的关系。莱特币本身的创造就是基于了比特币的开源代码，只不过在一些细节上进行了一些修改。具体的区别参见下表。

比特币与莱特币对比

	比 特 币	文 莱 币
LOGO	₿	Ł
大众印象	数字货币（对比黄金）	数字货币（对比白银）
交易时间	10 分钟进行一次确认	2.5 分钟进行一次确认
总量	2100 万	8400 万
创始人	中本聪	李启威
创立时间	2009 年 01 月	2011 年 10 月
挖矿方式	处理器密集型	内存密集型

李启威根据自己的理解对比特币的规则进行了一些修改和优化，并创造了莱特币。具体来说，莱特币减少了确认交易所需的时间，以及改变了挖矿的算法（生成新币的方式），以确保任何人都能参与到网络中。比特币的交易确认时间是 10 分钟，而莱特币的交易确认时间只有 2.5 分钟。莱特币能够处理更高数量的并发，从而增强网络的数据处理能力。

比特币挖掘使用的算法 SHA-256，需要大量的算力；而莱特币用的算法是 scrypt，更强调内存资源。比特币早期可以使用个人计算机的 CPU 开采，后来一般采用算力更强的 GPU 开采，现在由于网络竞争造成的采矿难度增加，一般使用专用集成电路（ASIC）矿机进行开采。Charlie Lee 不希望采矿市场被 ASIC 所垄断。因此，他把莱特币编写为偏重于内存密集型的挖掘算法，使 ASIC 开采莱特币的效率降低，避免莱特币被大型矿场所垄断。

在 2018 年 3 月底，莱特币宣布了与基于区块链移动钱包和支付创业公司 Abra 的深度合作。Abra 选择了莱特币作为继比特币之后的第二类资产，用于其智能合约投资解决方案。Abra 选择莱特币主要基于莱特币对于比特币良好的兼容性，以及相较于比特币更优秀的扩展性等原因。

在经历了过去两年区块链的快速发展之后，李启威也意识到如果仅仅将莱特币定位于比特币的小额转账补充，继续坚持"比特是金，莱特是银"的理念，那么莱特币未来的发展空间将比较有限。在目睹了以太坊智能合约的巨大成功以后，在 2017 年 5 月，莱特币基金联合会也公布了智能合约和原子级跨链交换。不过，经历了一年的发展之后，除了 Abra 的少数合作伙伴之外，莱特币的智能合约并没有被市场广泛认可，市场对其定位还停留在比特币的小额支付补充这一形象上，如果未来想要有所突破，莱特币的开发团队还需要做出更多的努力。

2. 比特币现金（BitCoin Cash）

比特币现金，简称 BCH，是比特币于 2017 年 8 月 1 日硬分叉的产物。硬分叉是指在分叉时刻之前它存储的区块链中的数据以及运行的软件是和所有比特币节点完全兼容的，而到了分叉那一刻以后，它开始执行新的代码，打包新的区块，形成新的链。

BCH 分叉的原因是由于比特币社区的不同参与方（技术开发团队、网络基础设施提供方即矿工等）对于比特币的扩容计划的意见分歧。由于多轮的谈判最终未能就比特币的未来发展路线达成一致，以比特大陆为代表的部分中国矿工群体发起了BCH项目。由于对比特币核心开发团队的进度和理念不满意，这部分为比特币网络贡献计算能力的矿工群体决定坚持自己认为正确的方向，以不同的路线继续推进比特币的开发工作。

BCH修改了比特币的代码，支持大区块（将区块大小提升至8M，随后在2018年5月提升至了32M），不包含SegWit功能，是BitCoinABC方案产生的区块链资产。在比特币现金的拥护者看来，比特币现金可能才是真正意义上的比特币，因为它更好地践行了创始人中本聪的扩容路线，而原有的比特币由于中心化开发团队的行动缓慢，正在逐渐失去人们的支持，被以太坊等其他项目逐渐赶上。

3. 首次分叉发行——IFO

虽然比以太坊的硬分叉晚了一年多，但自从BCH开启了比特币硬分叉的先河，硬分叉逐渐变成了解决区块链问题、项目技术升级、解决社区意见分歧或者项目方开展新生态的一种创新形式和常态，并且有了新的名字——IFO（Initial Fork Offering，首次分叉发行）。截至2018年4月，比特币和莱特币已经分叉出包含比特币钻石、超级比特币、莱特币现金等超过80种竞争项目，而其中绝大部分由于缺乏合理的分叉原因、网络算力支持和群众共识基础而价值逐渐缩水并缺乏流动性，只有极少数几个项目还在继续拓展。

5.1.2　匿名币的独特地位

在支付类通证的这一分支中，匿名币具有独特的地位，它跟传统的比特币、莱特币等相比，具备更强的保密性。

1. 比特币匿名吗？

日常生活中，政府、银行或支付宝、微信软件等授权机构可以了解到个人的部分财产状况，而其他未授权机构得到这些信息并非易事。比特币则不同，当用户申请了一个比特币钱包并存入一定量的比特币后，如果用户不向别人透漏该信息，很可能没有人知道这笔财产的存在，这也是比特币所谓的"匿名性"。但是，当使用这个比特币地址发生了一笔交易之后，由于区块链的可追溯特性，其他人便可以通过这条信息溯源查找过去的每一笔交易，以及过去交易的所有方的所有交易记录。想象一下，当用户使用比特币在网店中购买一件商品时，卖家便可以将用于支付的比特币地址信息与用户的个人信息产生关联，从而通过区块链查看工具看到用户的这个钱包里过去每一笔的转账记录，那么个人的隐私还是会受到很大程度的泄露。所以，比特币不具备真正意义上的匿名性，并非绝对的匿名，只具有相对的匿名——化名性，即使用者无须使用真名，而是采用公钥哈希值作为交易标识。真正意义上的匿名，是指具备无关联性的化名。所谓无关联性，就是指站在攻击者的角度，无法将用户与系统之间任意两次的交互进行关联。

为了解决部分人对于绝对匿名性的需求，匿名币应运而生。目前市面上有 Dash 达世币、Monero 门罗币（XMR）、Zcash（ZEC）、NEM 新经币，以及 XVG、NAV、ONION 等匿名币存在。

不过，也正是由于交易者及交易信息的高度保密性，匿名币也经常被不法分子、黑客等人用做转移财富和收入等的犯罪工具。日本交易所 Coincheck 也因为日本金融厅新标准中对具备高匿名性以及容易被用来洗钱的虚拟货币的禁止要求，而下架了门罗币（XMR）、达世币（DASH）、Zcash（ZEC）几种通证的交易。

2. 匿名币介绍

下面我们来介绍几款匿名币。

Dash 达世币（DASH）

达世币，原名叫暗黑币，是在比特币的基础上做了技术上的改良，具有良好的匿名性和去中心化特性，是第一个声称以保护隐私为要旨的虚拟货币。

达世币使用了一种称为混币或合币（CoinJoin）的关键技术。所谓混币技术就是通过一些主节点来将3个以上用户的多笔交易进行混合、形成单一交易的技术。在混币中，每个用户都会提供一个输入输出地址，然后将其送到主节点进行混合（即任意交换输入输出地址）。交易只能以规定面额（0.1、1、10、100）为单位来进行，这样就增加了攻击者从数额的角度来猜测交易关联度的难度。同时，主节点要保证乱序输出，外界很难从混淆后的交易中将单笔交易提取和对应。

混币中一个关键的保护隐私的角色就是主节点，因为主节点依然存在被攻击者控制的可能性。为了解决这个问题，达世币中引入了链式混合（chaining）以及盲化（blinding）技术。通过这两个技术，除非攻击者控制了很多的主节点，否则几乎不可能对指定交易进行关联。⊖

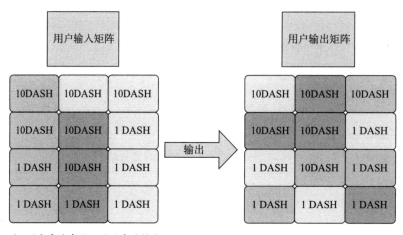

*不同颜色代表了不同用户的转账

混币技术可以将多个用户的多笔交易进行混合⊜

⊖ 参见张宪、闫莺、陈洋合著的《一文读懂区块链上的隐私与监管问题》，https://www.msra.cn/zh-cn/news/features/blockchain-20161213（访问于2018年5月）。

⊜ 参见Dash: A Privacy-Centric Crypto-Currency，https://github.com/dashpay/dash/wiki/Whitepaper#dash-a-privacy-centric-crypto-currency（访问于2018年5月5日）。

Monero 门罗币（XMR）

在达世币中，依然存在主节点被控制以及参与混币有恶意用户的风险，这在一定程度上会导致用户隐私的泄露。为了解决这个问题，门罗币提出了一种不依赖中心节点的加密混合方案。门罗币的关键技术有两个，一个称为隐蔽地址（stealth address），另一个称为环签名（ring signature）。

隐蔽地址是为了解决输入输出地址关联性的问题。每当发送者要给接收者发送一笔货币的时候，他会首先通过接收者的地址（每次都重新生成），利用椭圆曲线加密算出一个一次性的公钥。然后发送者将这个公钥连同一个附加信息发送到区块链上，接收方可以根据自己的私钥来检测每个交易块，从而确定发送方是否已经发送了这笔货币。当接收方要使用这笔货币时，可以根据自己的私钥以及交易信息计算出来一个签名私钥，用这个私钥对交易进行签名即可。

隐蔽地址虽然能保证接收者地址每次都发生变化，从而让外部攻击者看不出地址关联性，但并不能保证发送者与接收者之间的匿名性。因此门罗币提出了一个环签名的方案。环形签名的实现方式如下图所示，每当发送者要建立一笔交易的时候，他会使用自己的私钥加上从其他用户的公钥中随机选出的若干公钥来对交易进行签名。验证签名的时候，也需要使用其他人的公钥，以及签名中的参数。同时，发送者签名的同时还要提供钥匙映像来提供身份的证明。私钥和钥匙映像都是一次一密的，进而来保证不可追踪性。

除了交易地址，交易金额也会暴露部分隐私。门罗币还提供了一种名为环状保密交易的技术来同时隐藏交易地址以及交易金额。这项技术正在逐步部署，其采用了多层连接自发匿名组签名的协议来达到真正的匿名。⊖

⊖ 参见张宪、闫莺、陈洋所著的《一文读懂区块链上的隐私与监管问题》，https://www.msra.cn/zh-cn/news/features/blockchain-20161213（访问于 2018 年 5 月）。

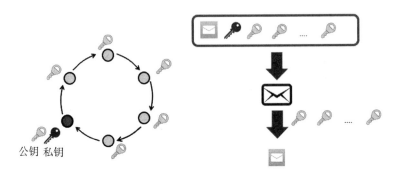

环状签名可以隐藏交易发起人的信息⊖

Zcash 零币（ZEC）

Zcash 使用一个被称为 zk-SNARK 的零知识证明架构，该框架允许网络在不公开交易参与方或者交易数额的情况下维护一个安全的账户余额账本。Zcash 交易的元数据是加密的，并不公开展示交易参与方和交易数额，zk-SNARK 被用来证明没有人进行欺骗或者偷窃。

Zcash 同样可以像比特币一样使用户具有发送公开透明交易的功能。通过同时使用隐私地址和透明地址，用户可以选择使用隐私方式或公开方式发送 Zcash。从隐私地址向透明地址的 Zcash 交易完成时，账户的资金将被揭露，而从透明地址向隐私地址的交易完成时，账户的资金将被隐藏。⊜

5.1.3 网关支付的超新星

网关支付类通证以 Ripple 瑞波币（XRP）、Stella 恒星币（XLM）为主，主打区块链支付网关结算、跨境转账等。在国外，网关支付类通证能够实现法币与法币（或加密虚拟货币）间的转换流通，尤其在国际贸易的场景中，避

⊖ 参见张宪、闫莺、陈洋所著的《一文读懂区块链上的隐私与监管问题》，https://www.msra.cn/zh-cn/news/features/blockchain-20161213（访问于 2018 年 5 月）。
⊜ 区块网：《零币 (Zcash) 官网、钱包、矿池及交易网站》，http://www.qukuaiwang.com.cn/news/3389.html（访问于 2018 年 5 月）。

免了跨国银行之间烦琐、低效、成本高昂的兑换模式，特别适用于金融领域。必须特别说明的是，Ripple 瑞波币（XRP）等网关支付类通证尚未正式进入中国市场。目前中国禁止开展虚拟货币与人民币及外币的兑换服务。

1. Ripple 瑞波币（XRP）

Ripple 声称是世界上第一个开放的支付网络。在国外，通过这个支付网络号称可以转账多种货币，包括美元、欧元、日元或者比特币，简便易行快捷，交易确认会在几秒内完成，交易费用几乎是零，没有跨行异地以及跨国支付的费用。

Ripple 是开放源码的点到点支付网络，它可以并安全地把链上的资产进行转移，无论是在世界的哪个地方。因为 Ripple 是 P2P 软件，所以任何人都可以创建一个 ripple 账户。XRP 是 Ripple 网络的基础通证，它可以在整个 ripple 网络中流通，总数量为 1000 亿，并且随着交易的增多而逐渐减少，瑞波币的运营公司为 Ripple Labs。XRP 是 ripple 系统中唯一的通证。

XRP 侧重支付领域的垂直解决方案，为银行、金融机构提供区块链技术解决方案，已经向国外超过 100 家银行发放许可证应用其区块链技术。同时，Ripple 为了支持银行加入，在反洗钱和身份认证上做了很多设计，因此，很多国外银行机构目前已加入 Ripple 网络。

2. Stellar 恒星币（XLM）

Stellar 用于搭建一个虚拟货币与法定货币之间传输的去中心化网关，是一个用于价值交换的开源协议。它基于 Ripple 技术代码并加以改进，声称可以在 2~5 秒内连接世界上的 180 种货币，连接银行、支付系统以及广大民众，减少跨境支付带来的交易费用和时间延迟。

XLM 来源于 Ripple，与其有很高的相似度，主要区别在于，Ripple 的重心在银行等金融机构，而 XLM 的重心则在小额汇款领域，因为这也是需求量非常高的市场。XLM 目前已经在国外和 IBM、德勤等业界巨头达成了合作协议，将来的发展前景非常值得期待。

同时，Stellar 还添加了智能合约功能，其也可以作为基础公有链来支持上层的应用，莫比乌斯换 Mobius（MOBI）便是其中一例。

3. OmiseGo（OMG）

OmiseGO 是基于区块链技术的支付服务，用来解决支付处理商、网关以及金融机构之间基本的协调问题。该支付服务支持在货币及资产类型间进行转换操作。在国外，通过 OmiseGO 网络和电子钱包，每个人都可以用完全分散、高频和低成本的方式进行多种形式的金融服务。

OMG 将成为第一个使用升级的 Plasma 架构的虚拟货币。这将为 OmiseGo 带来难以置信的可扩展性。该项目的研发团队也非常有实力，目前该产品也已初具规模。

4. TenX（PAY）

TenX 是兼容 COMIT 的钱包，声称可以让全球支付像发短信一样便宜、快速和容易。愿景是让用户能在区块链上拥有资产，不仅可以提供给业内人士，而是成为普通用户在"现实世界"中也可以使用的东西。

此外，随着越来越多不同的支付类通证的出现，越来越多的用户和企业正努力利用基础设施来建立物理和虚拟平台之间的这种相互联系。TenX 声称力求在最大程度上方便用户访问尽可能多的区块链资产，同时遵守生态系统中最高的安全标准。TenX 可以通过区块链来实现，利用 COMIT 标准，其通证代码为 PAY。

Tenx 项目还为终端用户提供借记卡和随附的移动钱包，不仅可以使用比特币、以太坊、Dash，而且可以提供市面上大部分的区块链资产。

TenX 目前在国外已经与主要的信用卡公司 VISA 和万事达卡达成了合

作，TenX 钱包可以在近 200 个国家使用，接受验收的有超过 3600 万个节点，手机应用已经上线。

与前面两者主要面向银行和商业机构不同，OMG、PAY 的侧重点是面向 C 端用户，通过移动端 APP 应用（支付、消费、转账功能），或是发行塑料卡片（信用卡、银行卡），用户在消费中实现虚拟数字货币和法币的即时兑换交易功能，他们的目标是成为海外版的"支付宝"。⊖

5.1.4 支付概念的延伸

在国外，很多通证项目在支付的基础上发展出了更多的金融属性，如借贷、区块链资产抵押贷款等金融衍生类业务，类似于传统商业银行的角色。目前来说，此类项目的受众还比较小，同时面临着其他支付类通证和传统商业银行的竞争，未来的发展路线并不清晰。在中国，由于政策的限制和约束，类似银行业务的通证项目的发展将面临法律的障碍。

1. Populous（PPT）

populous 声称是基于区块链技术的全球性 P2P 发票贴现平台，用专有的智能合同发票与卖方和银行直接交易，全程没有第三方参与。在国外，populous 可以采用分布式账本技术来生成和传输智能合约，并创建虚拟资产市场，通过这些市场，中小企业可以将未贴现的票据出售，以此获得资金。

Populous 拥有自己的 XBRL 数据模型评估客户风险，用奥特曼 Z-scores 等公式创建专有的信用评级体系，并利用区块链技术解决现有中小企业融资周期长、效率低、跑路等问题，推动快捷支付和改进融资结构，增加融资效率，降低欺诈风险，降低企业成本。⊖

⊖ 区块链币圈：《支付概念和支付网关板块解析》，https://www.jianshu.com/p/c3956a2963f5（访问于 2018 年 5 月）。
⊖ 真区块链：《百倍币再回首 2--populous(ppt)》，https://mp.weixin.qq.com/s/y_5ktC6pJV9vge-95ggDzPg（访问于 2018 年 5 月）。

2. Moeda(MDA)

Moeda 致力于通过区块链技术为贫困地区人口提供普惠金融服务。在国外，Moada 已经与多家信用合作社合作，提供小额贷款。资金来自用户，投资与回收以 MDA 作为承载。Moeda 还会为这些用户建立信用记录，在合作银行间共享，同时为贷款项目进行风险评级。简而言之，Moeda 服务于资金不足或者受限于客观条件无法被传统银行进行有效服务的用户。

这些贷款项目被称为种子项目，而这些贷款的资金来源是影响力投资者（Impact Investor）——指的是不将经济收益作为投资唯一目的同时还考虑其对社会贡献、为自己带来的社会影响力等因素的投资者。MDA 代币在项目中用做投资媒介，即影响力投资者如果想要通过 Moeda 项目进行投资，首先要成为 Moeda 用户，然后充值 MDA，用 MDA 进行投资。通过这种方式，MDA 用区块链技术为受众提供传统银行般的金融服务。○

3. Ethlend（LEND）

在国外，ETHLend 是一个建立在 Ethereum 网络上的分布式金融市场，允许来自世界各地的贷款机构和借款人以一种安全、透明的方式，利用区块链和智能合同，创建对等的 P2P 借贷协议。

借贷的品种主要为以太坊 ETH 和比特币 BTC，而 Ethlend 项目本身的通证 LEND 也可以作为抵押手段。

简而言之，这是一个借款人可以在贷款请求上发布需求，而贷款方可以为这些需求提供资金的平台或市场，最后，借款人偿还贷款和相应利息，而贷款方收回本金和利息。○

○ FlockFleecer：《Moeda(MDA) 简评》，https://mp.weixin.qq.com/s/2WJt5ZvuZfYEM ghuh2x-GQw（访问于 2018 年 5 月 5 日）。

○ Keira：《独家解读 | ETHLend: 虚拟货币借贷平台是否会替代银行？》，https://mp.weixin.qq.com/s/qyL00fCwLR-n7pBGwcigIw（访问于 2018 年 5 月）。

5.1.5 支付类通证的未来趋势

在目前的区块链项目中，除了上面所提到的通证以外，主打支付类概念的通证还有很多，如 DogeCoin、ZEN、MCO、REQ、SWFTC、SALT、EVX、RCN、CEL 等数十种。而未来这类通证的发展必将受限于现实世界中的金融机构、银行、发卡机构、ATM 终端等，以及受到各国法规、政策和金融监管的影响。同时，由于市场容量的限制，支付类通证已经出现了明显的头部效应和寡头垄断的趋势，即领先者（如比特币、Ripple、BCH、莱特币、ZCash 等）由于其品牌效应，能够持续保持领先，而新项目很难再形成足够的共识和网络效应。㊀

5.2 智能合约系公有链的江湖纷争——剩者为王？

公有链是指向全世界所有人开放，每个人都能成为系统中的一个节点参与记账的区块链，它们通常将激励机制和加密数字验证相结合，来实现对交易的共识。目前，公有链被看作区块链领域最有前景的方向，因为它更符合区块链的本质，很可能成为下一个系统级的平台。

公有链的优点包括：

- 能够保护用户免受开发者的影响。
- 所有交易数据都默认公开。
- 访问门槛低，任何人只要有可以联网的计算机就能访问。
- 能够通过社区激励机制更好地实现大规模的协作共享等。

作为底层平台，公有链能够推动整个社会进入"可信数字化"时代，真正开启"价值互联网"的新篇章。一方面，基于区块链的激励模式推进分享

㊀ 币姥爷：《我眼中的价值币——支付类》，https://mp.weixin.qq.com/s/_QFR8AxZQtzm_sCjBgR7-Q（访问于 2018 年 5 月）。

经济向共享经济升级，这也符合创新、协调、绿色、开放、共享的新发展理念，是一种更高层次的新型平台经济；另一方面，基于底层公链的区块链应用也将迎来大爆发，DAPP（分布式应用）时代即将来临。DAPP 之于底层公链，就如同 APP 之于 iOS 和 Android 系统，未来将会衍生出新的通证生态体系。㊀

过去几年底层公有链的发展，可以分为下面三个阶段：

（1）**以比特币 BTC 为代表的区块链 1.0 时代**，通过建立区块网络，开发钱包，实现以支付清算为主的类货币功能。

（2）**以以太坊 ETH 为代表的区块链 2.0 时代**，通过智能合约的方式，承载部分商用开发和业务拓展（如：分布式应用 DAPP）。

（3）**以 EOS 为代表的区块链准 3.0 时代**，通过高并发量、高性能、可拓展性，为区块链技术的商用及大规模推广构建了基础。不过，由于目前的这些区块链项目及技术还处于理论认证及测试阶段，没有成熟到可以大规模商用；同时这些项目在共识机制、扩展性能方面的稳定性还都有待时间的检验，只能暂时定义为准 3.0。㊁

在 5.1 节介绍了主打支付应用的公有链之后，下节会重点介绍以以太坊为代表的智能合约系公有链通证项目。

5.2.1 智能合约系的领军者

以目前的市值排名来看，以太坊 ETH 和 EOS 无疑是智能合约系的领先者和榜眼，卡尔达诺 Cardano 紧随其后位列第三。

㊀ 参见由工业和信息化部信息中心发布的《2018 年中国区块链产业白皮书》(第 16～17 页)。
㊁ 《我眼中的价值币——公链》, https://mp.weixin.qq.com/s/4GXIHH5g5wEXgX-59V_dZg（访问于 2018 年 5 月）。

1. Ethereum 以太坊 ETH

以太坊是一个开源的支持智能合约功能的公有链平台。通过其专用通证 ETH 提供去中心化的虚拟机（以太虚拟机，Ethereum Virtual Machine，简称 EVM）来处理点对点合约，以太坊最重要的技术成就即**"智能合约"**。

以太坊的概念首次在 2013～2014 年间由加拿大籍俄罗斯裔程序员 Vitalik Buterin 受比特币启发后提出，大意为"下一代加密虚拟货币与去中心化应用平台"，在 2014 年通过 ICO 众筹开始得以发展。

作为智能合约系公有链的龙头，以太坊在过去几年中得到了飞速的发展，到 2018 年，已经有数万种 ERC-20 的通证运行在以太坊网络之上，而由微软及其他技术公司与银行发起的企业以太坊联盟（Enterprise Ethereum Alliance，EEA），也不断有如摩根大通、思科公司、英国石油公司等巨头加入。

由于饱受吞吐量不足的限制，以太坊在 2018 年的主要开发任务仍然是扩容，核心开发小组将使用 Plasma 加分片的技术解决以太坊长期以来存在的可扩展性问题。[1]

2. EOS

EOS 全称是 Enterprise Operation system，即为商用分布式应用设计的一款区块链操作系统，由于发音的关系，EOS 也常常被称为"柚子币"。作为区块链准 3.0 的代表，EOS 引入了一种新的区块链架构，旨在实现分布式应用的性能扩展。

EOS 的创始人 Daniel Larimer 曾经创立了 Bitshares 和 Steem 区块链项目，他将区块链与底层石墨烯技术相结合，使得其过去的两个项目已经可以达到 1.5S 的平均确认速度和有限条件下实测 3300TPS（Transaction Per Second，

---

[1] CDA 数据分析师：《轻松看懂什么是以太坊》，https://mp.weixin.qq.com/s/WjL3ez7OIGj-Gq0_3ZgLxPg（访问于 2018 年 5 月）。

每秒交易次数)的数据吞吐量,他对 EOS 未来远期的吞吐量规划更是高达每秒一百万 TPS。

与 ETH 不同,EOS 使用了 DPOS 的共识机制,在生态中投票选出 21 名主节点和最多 100 个见证人,负责 EOS 区块链的出块。主节点和见证人必须至少持有 100 万个 EOS 才有资格被选举,以保证其"不作恶"。而作为奖励,获得选票的主节点和见证人,将会分配系统每年增发的不超过 5% 的通证中的一部分。

EOS 经过近一年的 ICO 过程,于 2018 年 6 月上线主网。其主网上线后的性能以及生态发展情况,吸引了众多区块链技术爱好者和通证生态参与者的目光。

3. 卡尔达诺 Cardano(ADA)

Cardano(ADA)于 2017 年 9 月 29 日发布。这个名字取自意大利文艺复兴时期颇具影响力的博学家 GerolamoCardano,是香港公司 IOHK 目前正在开发的一个区块链协议。ADA 希望解决比特币和以太坊目前存在的诸多问题,并创建一个可执行智能合约的平台,能够更加高效地开发和运行去中心化应用程序(包括启动侧链、多方计算和元数据)。

Cardano 的开发团队由首席科学家 Charles Hoskinson 领衔,他曾是以太坊开发小组中的核心成员。他组建了一支由来自各地的著名学者、科学家、商业和技术专家与软件工程师组成的团队,以区块链团队原有的哲学为基础进而开发可行的科学方法。

目前,比较主流的公链设计中比较普遍的是在一个链上存储各方面的信息。但这样带来的问题是无法真正满足实际运行中的需求,并且会给未来网络速度拓展、治理优化以及可持续性带来障碍。

分层区块链生态,是 Cardano 的里程碑式概念。其将整个体系划分为结算层和计算层两个层次,分别用来解决货币和智能合约两个层面的问题。

Cardano 采用 POS 的共识机制，其项目未来发展的三个主要目标包括增强协同操作性、可扩容性和可持续发展。○

5.2.2 以太坊的挑战者们

2017 年的区块链市场蓬勃发展，以太坊的智能合约引领了一场技术进步，众多创业者在目睹了以太坊的成功之后，也发现了以太坊存在的巨大问题，作为以太坊的挑战者们，众多项目如雨后春笋版涌现，有着"中国版 ETH"外号的小蚁币 NEO、量子链 Qtum、"韩国版 ETH" ICON、AE、Tezos、本体网络 ONT、ZIL、NXT 等，目前市面上已经有不下一百条智能合约系公有链。这些项目的共识算法、转账确认时间、底层语言支持和吞吐量等各不相同，部分公有链的相关性能与数据如下表所示。

部分智能合约系公有链数据○

通证代码	共识算法	出块时间	TPS（每秒处理交易量）	技术特色	底层语音
ETH	POW→POS	15 秒	15	虚拟机 EVM+ 智能合约	Go、C++、Solidity
EOS	DPOS	3 秒	8000/ 目标 100 万	石墨烯技术、跨链交互、主网快速切换	C/C++/WebAssembly
ADA	POS	3.5 分钟	10-15	分层架构	Haskell
NEO	DBET	15 秒	1000	数字认证、跨链互操作	C#、Java、Go
QTUM	POS+IPOS	3 秒	70	UTXO 模型 + 以太坊虚拟机	C、C++、C#、Java
LSK	DPOS	10 秒		侧链技术	JavaScript

○ 熊小猫：《六月底将主网上线的 ADA，这里有一份最全项目解读》，https://mp.weixin.qq.com/s/KImL7AR0Na8FvO_egC_asw（访问于 2018 年 5 月）。
○ 币姥爷：《我眼中的价值币——公链》，https://mp.weixin.qq.com/s/4GXIHH5g5wEXgX-59V_dZg（访问于 2018 年 5 月）。

（续）

通证代码	共识算法	出块时间	TPS（每秒处理交易量）	技术特色	底层语音
ZIL	PBFT	—	2400	分片技术	—
AE	POS+POW	30秒	32	图灵完备通道、去中心化预言机	Erlang
ARDR	POS	60秒	100	主链+子链架构	Java
NXT	POS	60秒	1000	锻造系统、主链+子链架构	Java
ACT	RDPOS	3秒	1000	主链+多侧链架构	Gula

瞄准以太坊的挑战者们，主要在以下几个方面改善其性能以完成超越：

（1）可扩展性。目标是优化区块链网络的转账速度、出块时间、吞吐能力，加强系统的容错性、稳定性，以支持未来的大规模商业应用。

（2）共识机制问题。在现有的区块链系统中，任何的转账都需要网络中所有的节点达成共识，不同的共识机制（POW、POS、DPOS、DBFT等），会限制区块速度，同时也对网络扩容产生影响。

（3）分布式存储问题。目前区块容量小，导致网络拥堵，大量的区块数据存在何处以及如何高效存储。

（4）安全性问题。完善公链本身存在的漏洞，以及解决分布式网络系统缺乏有效的调整机制等问题。

（5）数据库问题。解决区块链上的数据存取、验证、计算方面的问题。

（6）行业应用。与开发者达成合作，或者提供优惠条件吸引开发人员进驻平台开发软件，以组建完整生态。

几乎可以肯定的是，目前市场上的公有链是完全过剩的状态，类似过去共享经济、O2O、P2P 的"百团大战",当市场稳定之后,很可能是几强争霸的格局。作为基础公有链来讲,最重要的是上层分布式应用的数目和生态,而分布式应用的重要性则要看其用户数目和日均活跃的数目。由于智能合约系的基础公有链就像安卓操作系统一样,为软件应用提供底层运行平台,承载着应用与硬件间的众多交互功能,并为上层应用提供稳定的运行环境。那么,想要在未来的竞争中胜出,上面提到诸多性能指标,以及应用生态的完善度,就显得尤为重要。

在未来,底层智能合约类公有链与上层应用的结合的发展路线主要有几种可能。

(1)第一种模式是苹果/安卓模型,就是少量寡头公有链势均力敌,每条链都形成了一个繁荣的生态。作为应用来讲,需要针对每个主流平台做相应的应用,通过应用本身形成跨链,跟移动互联网上 iOS 和 Android 双雄并立的局面类似,如下图所示。

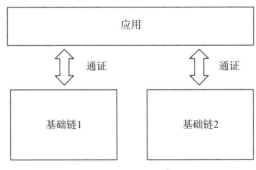

苹果/安卓模型⊖

(2)第二种模式就是互联网模式。如下图所示,经过多年的互联网标准的演化和自由竞争,互联网协议在网络层形成了 IP 协议独统天下的局面(其

⊖ 参见元道、孟岩合著的《对话元道二:通证视角下的区块链创新路线》,https://blog.csdn.net/blockchain_lemon/article/details/78850066(访问于 2018 年 5 月)。

余的如 Appletalk、IPX 等基本被淘汰，IGMP 的使用场景非常少），形成了互联网协议层的"细腰"——即网络层上层的协议有很多种，下层的协议也有很多种。因此，互联网协议栈被称为"沙漏模型"。㊀

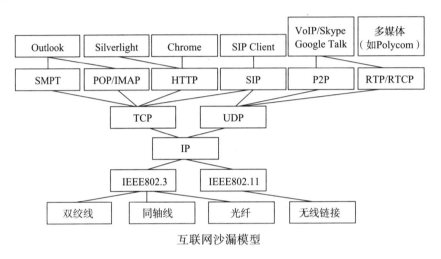

互联网沙漏模型

区块链技术栈最后也有可能会类似互联网模式，即在跨链通讯层有一个项目胜出，如下图所示，成为区块链沙漏模型中的"细腰"。这就要求这个跨链通讯层，对下要能够兼容多条基础公有链，对上要能够支持各种通证应用，而其本身也可以做到非常标准化，最好能创造出一个通用协议。㊁

（3）第三种模型是烟囱模式㊂，即每个行业或者每一类应用单独做一条基础公有链，而公链之间缺乏有效的互通。这种是最不可持续的一种发展方向，而且从目前的情况来看，未来也很难会发展成这种模式。㊃

㊀ 参见元道、孟岩合著的《对话元道二：通证视角下的区块链创新路线》，https://blog.csdn.net/blockchain_lemon/article/details/78850066（访问于 2018 年 5 月）。
㊁ 参见元道、孟岩合著的《对话元道二：通证视角下的区块链创新路线》，https://blog.csdn.net/blockchain_lemon/article/details/78850066（访问于 2018 年 5 月）。
㊂ 参见元道、孟岩合著的《对话元道二：通证视角下的区块链创新路线》，https://blog.csdn.net/blockchain_lemon/article/details/78850066（访问于 2018 年 5 月）。
㊃ 参见元道、孟岩合著的《对话元道二：通证视角下的区块链创新路线》，https://blog.csdn.net/blockchain_lemon/article/details/78850066（访问于 2018 年 5 月）。

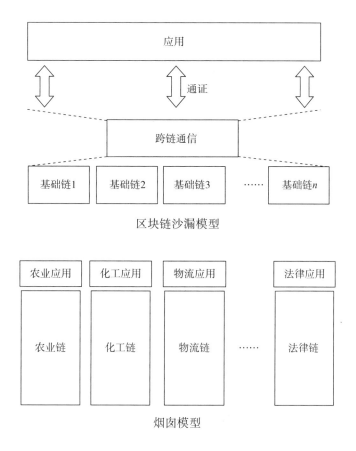

区块链沙漏模型

烟囱模型

5.3 大众预测机——群体智慧的展台

"群体智慧"(Collective Intelligence)是群体所具有的优于个体或个体总和的智慧与能力。早在 19 世纪,西方学者就开始研究"群体智慧"的作用,相关的研究经历了从怀疑到赞同的曲折的认识过程。早期的学者对于"群体智慧"持否定态度,比如,法国社会学家古斯塔夫·勒庞认为群体是"乌合之众",群体往往呈现出"盲目""冲动""狂热""轻信"的特点。1907 年,弗朗西斯·伽尔顿首次以实验证明:群体在某些情况下可以产生超越专家的智慧。2004 年,詹姆斯·索罗维基撰写并出版了《群体的智慧:如何做出最聪明的决策》一书,并对"群体智慧"给予了高度的肯定与褒奖。他指出:"在适当的环境下,团体在智力上表现得非常突出,而且通常比团体中最聪明的人还聪明。"㊀西方学者有关群体智慧的主要观点如下表所示。

西方学者有关群体智慧的主要观点㊁

提出时间	学 者	主 要 观 点
1964	Wechsle	一群个体有目的地行动、合理地思考,高效地处理他们周围环境的稳定或全局性的能力
1994	John Smith	群体智慧是一群人在共同信念的指引下,以群体为单位自行完成一项任务过程中产生的极强的凝聚力和极高的智慧
1999	Francis Heylighen	一个群体能够比其中单个成员解决更多的问题
2001	Craig Kaplan	群体智慧既包括群体所具有的优于个体的解决问题上的能力,也包括一个群体做出的比个人更加稳妥完善的决策
2010	Stefan Krause	群体智慧是一个或更多独立的个人,或者至少部分独立的人,通过社会交互整合获取不同类型信息的过程,这一过程证明认知问题不可能被单独的个人所解决
2010	Jan Marco Leimeister	群体智慧是群体中的成员运用自己的知识去学习、理解和适应环境,提出不同的看法或方法,从而给相关问题一个更好的解释或是解决途径
2011	Stefan Krause	群体智慧最初是指生物物种中能够成功获取更多猎物的能力,目前指人类群体更为有效地解决更多认知上问题的能力

詹姆斯·索罗维基在《群体的智慧:如何做出最聪明的决策》举了一个弗朗西斯·伽尔顿亲身经历的案例:在一次乡村集市上有个商家搞"猜重量赢大奖比赛",牵了一头牛,并叫每位观众都来猜牛的体重,谁猜得越准确谁就可以牵走这头牛。弗朗西斯·伽尔顿在活动结束后把所有人的答案都收集了起来,然后加总求了个平均值,惊讶地发现众人猜测的平均值竟然比获奖

㊀ 詹姆斯·索罗维基著,王宝泉译的《群体的智慧:如何做出最聪明的决策》,前言第10页,由中信出版社于2010年10月出版。

㊁ 参见戴旸,周磊合著的《国外"群体智慧"研究述评》,发表于《图书情报知识》,2014年02期。

的人猜的还要接近真实值。⊖

当然，也有人质疑该案例的真实性，并对群体智慧理论持有怀疑的态度。但是，这并不影响群体智慧理论开始应用于社会管理、电子商务和市场预测等领域。学者 Kenneth Arrow 曾指出，群体智慧在经济发展预测和选举结果方面能够得到比传统方式更好的结果。⊜

区块链的大众预测类项目正是基于群体智慧的原理进行设计和开展的。通证的激励形式让参与者可以认真对待每一次猜测行为，而将大众智慧结合部分人工智能算法（机器智慧）——比如提高准确率较高的用户的猜测权重，降低准确率较低用户的猜测权重，可以使预测结果更加精确。

事件预测和大众调研的范围也可以非常广泛，如可以预测金融市场的走势，一项投票或者一场体育比赛的结果，风险数据的统计，或者是任务发布者感兴趣的内容，有较为宽广的市场空间。

群体预测类项目的通证经济模型一般由以下几种要素进行组合。

（1）任务发布的方式：一是参与者使用通证支付费用发布特定任务，来吸引大众参与预测或调研任务；二是项目开发小组发布一些市场上热度较高的任务，让大家进行预测。

（2）预测正确者得到通证激励的来源：一是任务发布者发布任务时支付的费用；二是系统的通证增发（如项目组发布的任务）。

（3）查看群体预测结果的手段：一是使用通证支付费用查看；二是账户中持有一定量通证进行查看。（不需要额外支付费用，但是要锁仓一定通证数目。）

⊖ 詹姆斯·索罗维基著，王宝泉译的《群体的智慧：如何做出最聪明的决策》，前言第 7~9 页，由中信出版社于 2010 年 10 月出版。

⊜ 参见戴旸，周磊合著的《国外"群体智慧"研究述评》，发表于《图书情报知识》，2014 年 02 期。

目前市场上，较为领先的预测类通证项目有 Augur、Cindicator、Gnosis、Delphy、Bodhi 等。

1. Augur

Augur 项目（通证代码 REP）于 2014 年立项，2016 年发布首个测试软件版本，它是市场上首个区块链预测类的通证项目，其整个预测过程包含了创造市场（创建任务）、交易阶段（群体进行预测）、报告阶段（任务发布者查看报告）、挑战阶段（任何人可以对预测结果发起挑战）、分叉和清算等几个博弈阶段。其通证 REP 流通基于以太坊公链，目前（2018 年 5 月）总的流通市值在预测类通证项目中排名首位，其竞猜任务的软件页面如下图所示。

Augur 软件应用页面

2. Cindicator

Cindicator 项目（通证代码 CND）于 2017 年进行发行众筹，首个软件版本在 2017 年底发布。短短半年时间里，Cindicator 平台已经聚集了超过 10 万名分析者。Cindicator 项目的预测任务目前由项目方统一发布，主要以金融市场预测（如价格走势等）为主，涵盖了传统金融市场和加密虚拟货币金融市场两个方面。Cindicator 综合了群体预测的大众智慧和 AI 算法的机器智能，使用二者结合的混合智能，力求达到更为精准的预测效果。

预测分析师的奖励目前来源于团队提供的费用，未来将会源于系统的 CND 通证增发。而预测结果的查看需要参与者持有一定量的通证数目，目前有五千、二十万、七十万和一百万 CND 通证几个服务等级。

CND 同样运行于以太坊公链上，目前的总流通市值大约是 REP 的 1/4，其预测结果发布的界面如下图所示。

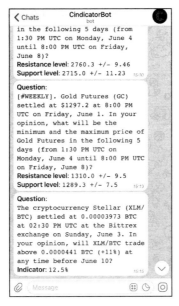

Cindicator 预测结果发布界面

3. Gnosis

Gnosis 项目（通证代码 GNO）创建于 2015 年，基于以太坊网络，是以太坊团队孵化的重点项目之一。其目标是构建一个去中心化的市场应用平台，而不仅仅像 Augur 一样做一个简单的预测类应用。Gnosis 项目于 2017 年 4 月份首次进行众筹。在群体预测理念的基础上，Gnosis 还引入了荷兰式拍卖交易所的概念，这可以通过赔率的调整很好地匹配买卖双方的需求，合理化预测行为的交易价格。

同时Gnosis将预测平台分层化处理，包含顶层应用层、中间层、核心层和以太坊层，使未来项目发展更具扩展性。Gnosis的预测任务由用户自行发布并标注赏金，来吸引参与者进行竞猜预测。

4. Delphy 天算

Delphy天算项目（通证代码PHY）创建于2017年中，基于以太坊网络，是国内首个去中心化的市场预测平台。从模式上讲，天算是一个预测即服务（Prediction as a Service，Pass）的移动应用平台，用户一方面可以参与预测市场的交易，另一方面也可以使用天算的API接口与软件设计包，开设各个垂直领域的预测市场。与其他预测类应用相比，天算的特殊之处在于，它还引入了社交属性，以增强平台的用户黏度。

5. Bodhi 菩提

Bodhi菩提项目也是由国内团队主导的大众预测类项目，成立于2017年，与其他同类项目的不同之处在于，菩提基于的基础公链为量子链。BODHI继承了Gnosis的核心理念，预测事件的结果由第三方信息中介（Oracle）来自动判定，这保证了结果判定的效率。与此同时，Bodhi借鉴了Augur的思路，当信息中介（Oracle）失效或错误时，BOT的持有者可行使投票权，对相关预测事件进行最终裁决。菩提最初选择量子链的原因是其认为以太坊网络使用的POW机制中的难度炸弹（Difficulty Bomb）正在生效，区块的处快时间越来越长，严重影响了预测市场估算时间，而量子链的POS机制保证了时间的稳定性。不过，后来以太坊已经通过casper已经实现了pos共识。⊖

5.4　区块链游戏——昙花一现的旁氏骗局还是新的爆发增长点

2017年11月，一款名为CryptoKitties的区块链游戏突然爆火。这款被

⊖ 菩提预测市场：《Bodhi（菩提）如何在预测市场中突出重围（附菩提开发计划进度表）》，https://mp.weixin.qq.com/s/iO7KMDSGfjbQivSR5LKz_A。

中国玩家们称为"以太猫""加密猫"或"迷恋猫"的游戏，一度让以太坊网络陷入崩溃，也吸引了大量效仿者。

以太猫使用的是 ERC-721 的不可置换通证，即每个通证代表一只猫，它可以具备不同的属性（如猫的外貌细节），玩家可以支付以太坊，领养电子宠物猫，并自由繁殖和交易。项目方收取交易费用的一定比例作为手续费，游戏页面如下图。

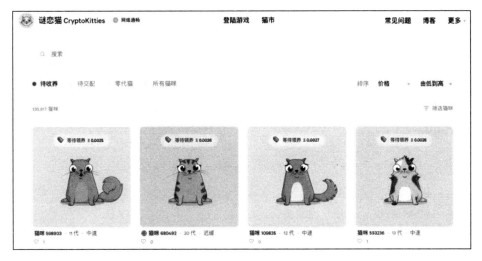

以太猫游戏界面

就是这样一个画面、玩法简单的游戏，仅仅 5 天时间，就占据了整个以太坊 14% 的交易量，一度导致以太坊系统濒临崩溃。玩家们陷入了疯狂。在游戏最火爆时，仅一天时间内，就有超过 16 000 只电子猫被交易，总交易额达到了 4600ETH，折合 3000 多万人民币。以太猫成为一款现象级的产品。⊖

该游戏的成功上线吸引了游戏开发者的广泛关注。之后短短四个月，类

⊖ 一本区块链：《养 AV 女优，买总统，区块链游戏的庞氏骗局》，https://mp.weixin.qq.com/s/I3jtZ7Yxq_ZOIu-6Rj2KBg。

似的区块链游戏大量涌现，链塔智库的数据显示，截至 2018 年 3 月，全球已上线 200 多款区块链游戏，区块链游戏行业交易额排名前三的游戏中：CryptoKitties 总交易额达 2 亿人民币，Cryptocelebritie 和 CryptoCountries 的总交易额达到 1.5 亿人民币。㊀

以太猫及类似其的区块链游戏，被一些人评价为击鼓传花的庞氏骗局。不过作为不可置换通证的首款落地应用，以太猫无疑为未来区块链游戏的前景打开了一扇光明之门。

目前，区块链游戏还处于初步发展阶段，游戏类型相对比较单一，主要分为三类：一是养成类游戏，如 CryptoKitties；二是收藏类游戏，如 Cryptocelebrities；三是经营类游戏，如 shop 农场。后续预计将有更多场景更加复杂、交互性和可玩性更强，并基于不可置换通证的区块链游戏出现。紧张开发中的大型 PVP 3D 在线游戏——加密战争，便是其中一例。

在 2018 年 5 月的全球区块链游戏峰会上，恩金公司 Enjin 首席技术官 Witek Radomski 在大会上向数百名区块链游戏开发人员发布了《加密战争》，这是一款 PvP 多人游戏，其中包含数百种独一无二、可进化、可交易的英雄角色（实际为不可置换通证）。据了解，游戏声称具有宏大的背景、华丽的 3D 效果以及创新的游戏机制，号称可以把玩家置身于一个史诗级世界之中，游戏中的资产使用 ENJ 通证进行交易。㊁

我们认为，经历了 1.0 版本的区块链游戏热潮和降温之后，不可置换通证必将迎来新的一轮热潮。未来，制作更精美、系统设计更加复杂和完善、可玩性更强的区块链游戏也会陆续登陆市场，必将吸引更多游戏玩家的关注和更加持久的参与热情，从而开辟出一个全新的区块链游戏市场。

㊀ 链塔智库：《区块链行业应用系列研究报告：区块链游戏》，http://www.sohu.com/a/2322-30066_115060。

㊁ 吴解区块链：《第一款大规模基于区块链的 3D 游戏，2018 年震撼推出！》，https://mp.weixin.qq.com/s/JYWUllu4RKh7rEMZp-jqjw（访问于 2018 年 5 月）。

加密战争游戏概念图㊀

5.5 证券通证化——撬动一个十万亿级市场？

STO（Security Token Offering），即证券通证发行，是指通过使用证券平台通证完成公司的股权融资的过程，公司的股权以区块链通证的形式发行、记账，以及交易和流通。目前市场上最大的两个 STO 平台公司是 tZero 公司（Overstock.com 公司的子公司）和 Polymath 公司。本节将主要介绍 Polymath。**必须特别指出，STO 不符合中国目前的监管政策，我们认为，类似于 ICO，STO 在中国也是一种未经批准的非法公开融资的行为，涉嫌构成非法发行证券活动。**

Polymath 公司的目标是通过其世界首创的证券通证发行平台，将价值数万亿美元的证券市场引入到区块链当中。在国外，借助区块链和智能合约技术，Polymath 设立了证券通证标准协议（ST-20），以协助证券发行人进行证券通证发行（STO）。这样，证券发行人可以在 Polymath 的区块链平台上创建和发行数字通证来代表包含私人股本、合伙人持股、债券、商品、风险投资基金、房地产、版税和保险等多种资产。同时，Polymath 平台也可以借

㊀ 本图来自吴解区块链：《第一款大规模基于区块链的 3D 游戏，2018 年震撼推出！》，https://mp.weixin.qq.com/s/JYWUllu4RKh7rEMZp-jqjw（访问于 2018 年 5 月）。

助智能合约来完成包括股权分红、股东投票、增发回购等功能。

根据 Polymath 的设想，证券通证发行（Security Token Offering）在技术上与 ICO 类似，与 ICO 有所区别的是，STO 需要经过所在国家证券监管机构的审批和许可才能进行。

同时，证券通证发行的申请及认购也需要符合相应标准，如 Polymath 设立的 ST-20 协议标准，需提交包括组织机构注册信息、法人信息、投资者信息认证等多项认证材料后才能进行。

跟传统 IPO 相比，Polymath 认为将证券通证化有以下五个特点：

（1）可编程股权。公司可通过程序代码定制化股权分发的方式。

（2）虚拟货币融资。区块链的虚拟货币融资，更加便捷不受地域和外汇限制。

（3）24×7 市场。交易流通不受时间限制。

（4）消除中间人。可以降低传统金融机构作为中间人收取的费用。

（5）扩大受众。20 亿没有银行账户的欠发达国家人群也可以享有股东身份。[⊖]

STO 具体的流程示意图如下图所示。

Polymath 公司认为，在未来的商业世界，通证持有人将逐渐替代股权持有人（股东）的身份。在 2017 年，证券类通证的总价值大概在 1 亿美元，而效用类通证的总市值在 5000 亿美元左右。在 2018 年，证券类通证的市值将与效用类通证水平相当，达到万亿美元的市场规模，而在未来的 5 年内，证券类通证的市场规模可能会达到 10 万亿美元的水平。Polymath 还提到，目前

⊖ 参见 polymath 公司官方网站：http://polymath.network, last visit May 5, 2018。

其平台已经有超过 20 000 名发行者排队申请进行 STO。⊖

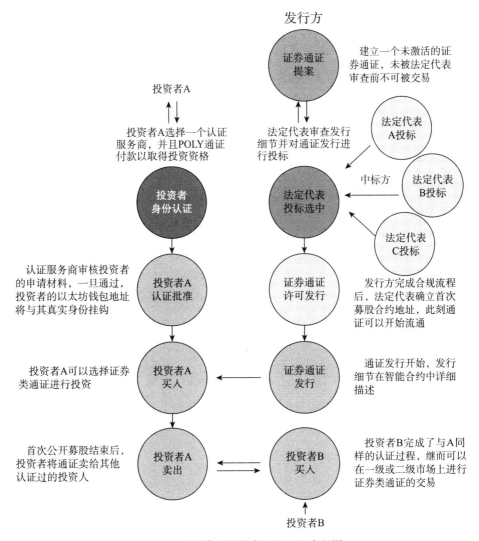

Polymath 证券通证发行（STO）流程图

⊖ DAVID ZEILER, Forget ICOs; Security Token Offerings Are a $10 Trillion Opportunity, https://moneymorning.com/2018/04/09/forget-icos-security-Token-offerings-are-a-10-trillion-opportunity/（访问于 2018 年 5 月 30 日）。

普遍预见，证券通证化将在未来可能有广阔的前景和发展空间。但是，我们认为，证券通证化的发展取决于监管的态度。如果说 ICO 是通证、虚拟资产的 IPO，那么 STO 将是传统证券的 ICO。相比于 ICO，STO 对传统的证券监管秩序的冲击可能会更大。在各国普遍加强对 ICO 监管的情况下，STO 是否能够得到世界上主要国家的监管部门的认可，进而成为区块链和通证领域接下来的爆发增长点，有待进一步的观察。

5.6 平台巨头的挑战者——新老贵族的挑战台

在 3.3 节中曾提到，互联网平台类企业由于本质上起到的是信息撮合作用，且天然具备网络效应（这也是他们快速成长起来的原因），所以自然成为众多区块链项目首先瞄准的目标。用户耳熟能详的互联网平台企业品牌，绝大部分都有区块链项目与其对标。这些区块链项目的目标是借助区块链和通证化完成类似互联网平台的功能，以期形成更加强大的商业生态。

5.6.1 Openbazaar 与亚马逊、淘宝

Openbazaar（简称 OB1）结合了 bittorrent 的 P2P 协议特点，目标是在区块链上建立一个类似亚马逊或淘宝的去中心化商品交易市场，即电商平台。OB1 项目成立于 2014 年，首个软件版本发布于 2016 年 4 月。在 OB1 平台上，用户可以使用比特币、比特币现金和 Zcash 等虚拟货币购买商品和服务，同时平台还计划添加和支持更多的通证类型，以及增设交易模块。

截至 2018 年 5 月，用户仍需要运行一个全节点（即本地下载所有商品数据），才能够使用平台服务。不过，OB1 计划在 2018 年 6 月发布手机客户端的只读版"轻应用"——即无须运行全节点便可查看所有罗列的商品信息，以及网页的产品展示链接，以降低用户的使用门槛。从收益模式角度来说，项目方没有对商家收取服务费用，目前仅通过网站的分享链接来获取一定收入。未来

OB1 计划在 2018 年第 4 季度发行 OBT 通证，用以激励用户在平台上的活跃性。

OB1 在过去 4 年间的发展可谓非常缓慢，截至 2017 年底的数据显示，OB1 2.0 版本的用户数仅为不到 1000 人，而在列销售商品的总数不超过 7000 件。这与平台本身的高门槛和缺乏通证激励机制不无关系。在 2018 年年初获得了新一笔 500 万美元的风险投资之后，OB1 项目降低使用门槛和添加通证激励模型的尝试是否会有所收获，非常值得期待。⊖

5.6.2　Bee Token 与 Airbnb、途家

Bee Token 项目的目标是利用区块链的智能合约体系重塑共享经济模型，旨在打造全球首个零佣金的去中心化共享房屋平台——Beenest（蜂巢）。在平台上，屋主和房客可以使用 BEE 通证进行房屋短租服务的付费和交易。

与 Airbnb（爱彼迎）类似，Bee Token 提供了信息展示的平台，撮合了屋主和房客的匹配。除此之外，Bee Token 还具备零佣金（团队依靠初始募资和通证预留部分升值来获益）、去中心化的仲裁机制、不可篡改的信誉协议、消除中间人等优势。

另外，Beenest 蜂巢平台所基于的自主开发的蜂群协议 Bee protocols，也可以用于开发其他的共享经济模型，例如共享交通等，这为项目的未来发展提供了更大的空间。⊜

根据福布斯网站的报道，Airbnb 等共享经济平台的数据安全问题可能是一个隐患。由于中心化地进行数据记录存储，用户的所有行程信息有着数据泄露的可能性，而一些评论信息可能会被筛选和删除。而蜂巢平台改善了这一情况，它赋予了房东与租客更大的权力，同时使用了独特的仲裁协议和信

⊖　Leigh Cuen, Not Just BitCoin: OpenBazaar Is Gearing Up for a Radical Redesign, https://www.Coindesk.com/not-bitCoin-openbazaars-redesign/（访问于 2018 年 5 月 30 日）。

⊜　参见莫大所著《区块链共享经济 Bee Token》，https://mp.weixin.qq.com/s/gFjztI3q4YsNKB-NhiWs7Ww（访问于 2018 年 5 月 30 日）。

用系统协议来处理房东与房客之间的纠纷问题。

Bee Token 使用的相关协议如下图所示。

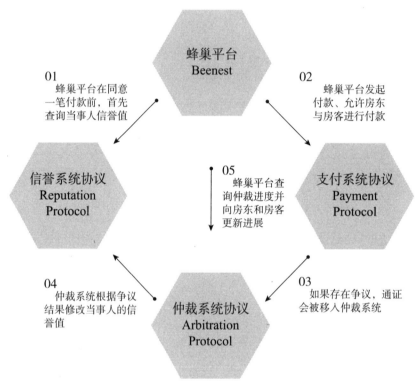

Bee Token 平台与协议关系图

目前，蜂巢平台已经发布了测试版网站（https://nest.beeToken.com/），覆盖了美国西海岸的几座城市，如旧金山、Santa Monica 等，目前房屋数目在 20 个左右。未来两到三年，Bee Token 项目组计划将其房屋共享业务扩展到全球更多的城市，并且计划使用蜂群协议开发更多的共享经济应用平台。㊀

㊀ Lori Hil, A More Secure Way To Home Share? Blockchain Technology, https://www.forbes.com/sites/lorihil/2018/02/15/a-more-secure-way-to-home-share-blockchain-technology/#3fb8f1085e8b（访问于 2018 年 5 月 30 日）。

5.6.3 HUB 与 Linkedin、领英

HUB 项目（中文名为人类信任协议）试图构建一个基于区块链的信任网络，以解决陌生人之间的信任危机。职场社交网络便是 HUB 未来可能的应用场景之一，而 Linkedin 领英平台便是其目标对手。另外，HUB 项目的创始人 Eric Ly 也是领英的创始人之一，在领英被微软以 262 亿美元现金收购之后，他计划用一个新的成功作品来挑战自己一手培养起来的"帝国"。

HUB 项目使用 HUB 通证来激励生态环境中的不同参与者：激励用户完成任务来获取通证，激励全节点矿工维护信任网络来赚取通证，以及激励任务开发人员通过发布任务来赚取通证等。通过一系列激励措施，HUB 目标让用户信息变得更加可以信赖，社团开发者创造更多的应用场景，以及提高用户使用相应协议的参与度和黏性。

HUB 项目目前刚完成融资，计划于 2018 年底推出基于自主开发协议的首款手机应用，届时将会是怎样的情况，非常值得期待。⊖

5.6.4 Mixin 与微信

Mixin 项目首先开发了一款类似微信的社交聊天软件——Mixin 聊天，其特别之处在于采用了手机号码加六位数字作为区块链钱包账户和秘钥的简洁设计，让区块链的应用门槛极大降低，更加贴近了大众的使用习惯。用户在聊天的同时可以使用钱包功能管理持有的不同通证，以及和好友进行快速转账。同时，其端到端的加密通信机制保证了数据通信的安全性，由于数据全部在手机本地存储，可以让用户不用担心数据被泄密的风险。在完成可信赖社交软件的基础上，Mixin 进一步想打造一个跨链平台，用以支持其他公有链交易，为其钱包功能支持更多的通证类型打下良好基础。

⊖ 参见希多所著的《领英也发币了？人类信任协议（HUB）》，https://mp.weixin.qq.com/s/jwe4b-LyLr31q8-84gQX0vw（访问于 2018 年 5 月）。

在未来，Mixin 计划打造一个类似安卓应用市场或微信小程序平台的应用生态圈，让开发者可以在自己的区块链上进行应用开发，而自己通过社交软件入口带来的流量红利来吸引更多的优秀程序进驻。

Mixin 项目的通证 XIN 的用途首先是运行全节点使用的抵押品（每个主节点需要存入一万枚通证），平台上分布式应用的创建和调用函数时的消耗品，它是定额发行且不断销毁的通缩型设计。XIN 通证还有一大特点是总发行量小，仅有 100 万枚，导致 XIN 的单价很高，目前通证单价排名第四位，未来单价超过比特币也并非没有可能。为此，项目组推出了 MIX 的通证符号，1XIN＝1000MIX，其作用类似于比特币的更小价值单位——聪（Satoshi，1 比特币＝1 亿聪），从而避免交易时产生的价值错乱。

Mixin 聊天软件于 2017 年 12 月首次发布，设计简洁美观，功能性强，发布初期便通过好友邀请的方式快速到达了百万名注册用户的级别，虽然目前的日活用户数目未公开发布，但是未来的发展潜力不容小觑。

与 Mixin 聊天应用相似的，具备社交应用加移动钱包功能的项目还有另外几个，如 Beechat、Status（SNT 通证）和 Qbao（QBT 通证）。这几款应用的功能和切入点类似，软件设计和可用性各有千秋。

除此之外，还有更多的平台类区块链项目在酝酿和发展当中。这些商业新贵们觊觎着头部互联网平台占有的巨大市场，不断积蓄力量向他们发起挑战，而传统互联网平台巨头则在保证盈利的同时思索着改变，以抵御后起之秀们带来的巨大冲击。㊀

5.7 本章小结

本章从支付领域、公有链、大众预测、区块链游戏、证券通证化和互联

㊀ 参见 mixin 官方网站：https://mixin.one/, last visit May 30, 2018。

网平台的通证对标项目这六个角度，对当前主要的区块链通证项目进行了系统地梳理和介绍。

在国外，包括比特币、莱特币等在内的支付类通证的相关应用已经形成对于传统银行和支付清算体系的巨大挑战。以达世币、门罗币为代表的匿名币则具有独特的地位，因此也经常被不法分子、黑客等人用做转移财富和收入等的犯罪工具。网关支付类通证以 Ripple 瑞波币（XRP）、Stella 恒星币（XLM）为主，主打区块链支付网关结算、跨境转账等。在支付的基础上，很多通证项目发展出了更多的金融属性，如借贷、区块链资产抵押贷款等金融衍生类业务，类似于传统商业银行的角色。

而在区块链智能合约公有链领域，形成了"百团大战"的场面。从市值来看，ETH、EOS 和 ADA 是目前市场上的领跑者，而身后还有众多的挑战者在追赶。未来，公有链需要解决可扩展性、安全性、数据存储、共识机制、数据库和行业应用等问题，才能被广泛地应用于商业领域。公有链的发展路线主要有几种可能性，其中苹果/安卓模型、漏斗模型的概率较高，烟囱模型的可能性很低。

群体智慧的优势在某些领域已经显现，而群体智慧与人工智能的结合将在未来发挥更大的作用。区块链与通证可以很好地与群体智慧相结合，而大众预测便是其很好的一种项目落地方式。以 Augur、Cindicator、Gnosis、Delphy、Bodhi 等为代表的大众预测类项目，就是将群体智慧与区块链通证结合的一些案例。不同的项目在任务发布方式、参与者激励来源和结果查看方式上有所区别，而背后基于的理论依据基本类似。

在 2017 年底，以太猫这款基于不可置换通证的区块链游戏席卷了网络，在极短的时间内创造了现象级的交易记录与玩家参与度。随后，数百个类似以太猫，逻辑简单、可玩度较低的区块链游戏也在短时间内出现。由于其玩法特点，被一些人评价为击鼓传花的庞氏骗局。目前区块链游戏主要分为三类、养成类、收藏类和经营类。后续预计将有更多场景更加复杂、交互性和可玩性更强，并基于不可置换通证的区块链游戏出现。

在国外，证券通证化被认为具有巨大发展潜力，Polymath 公司的目标是通过其世界首创的证券通证发行平台，在未来将价值数万亿美元的证券市场引入到区块链当中。Polymath 将证券通证发行的过程标准化并设立证券通证标准协议（ST-20），未来可以在平台上创建和发行数字通证来代表包含私人股本、合伙人持股、债券、商品、风险投资基金、房地产、版税和保险等的多种资产。跟传统 IPO 相比，证券通证化有可编程股权、虚拟货币融资、24×7 市场、消灭中间人和扩大受众五大优势。在各国普遍加强对 ICO 监管的情况下，STO 是否能够得到世界上主要国家的监管部门的认可，进而成为区块链和通证领域接下来的爆发增长点，有待进一步的观察。

互联网平台类业务也是区块链通证项目的重点挑战对象，Openbazaar 与亚马逊、Bee Token 与 Airbnb、HUB 与 Linkedin、Mixin 与微信，提供了相似的服务类型，计划在区块链上重构类似的商业生态。与传统的互联网平台相比，区块链通证项目将公司的部分利益让渡给参与者，借此做到低费用、减少用户隐私泄露等特点。尽管目前这些项目的发展还都处于起步阶段，未来的情况还是非常值得人们期待的。

第6章
通证时代的法律挑战

通证时代带来了许多新的概念，诸如虚拟货币、智能合约、ICO 等，这些概念或名词与传统的法律概念极易产生混淆，普通民众往往很难辨别这些全新的概念是否真正具有法律的属性，比如虚拟货币是不是货币、智能合约是不是合同等。我们将在本章对这些容易混淆的概念进行讨论和分析。

6.1 "此币非货币！"——虚拟货币的法律属性

与传统虚拟货币一样，加密虚拟货币不是真正的货币。与传统虚拟货币相比，加密虚拟货币具有以下特征：

（1）去中心化。即加密虚拟货币及其网络系统没有中心化的硬件设备或者管理机构，由用户构成和生产，采用区块链技术作为支撑；

（2）**匿名性**。即加密虚拟货币的交易一般是匿名的，一般无法查找和追踪交易者的真实信息；

（3）**开源透明性**。即加密虚拟货币一般采用开源程序，保证了账本和商业规则可被所有人审阅，以实现系统运作的公开透明。

如前文所述，加密虚拟货币又可称为"虚拟货币"或"加密货币"，而广义的"通证"包括了全部的虚拟货币。

6.1.1 部分虚拟货币具备货币的职能

在传统的教科书中，货币被定义为"一般等价物"，是表现、衡量和实现商品价值的工具，具有价值尺度、流通手段、贮藏手段、支付手段和世界货币五大职能[⊖]。随着社会的发展，货币的使用经历了从实物货币、金属货币到信用货币的漫长过程，货币制度逐步由金属货币制度演变为不兑现的信用货币制度。不兑现的信用货币制度指以纸币为本位币，且纸币不能兑换黄金的货币制度，是世界各国普遍实行的一种货币制度，其基本特征之一就是信用货币由中央银行发行，由国家法律赋予无限法偿的能力。

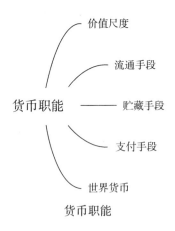

货币职能

⊖ 摘自曹龙骐所著的《金融学》，（高等教育出版社 2003 年版的第 20 页）。

随着网络技术的发展，部分虚拟货币，特别是以比特币、以太坊为代表的 Coin 类虚拟货币在一定程度上具备了传统货币的部分职能。

（1）从价值尺度的职能来看，价值尺度职能是指货币充当衡量商品所包含价值量大小的社会尺度。目前，对于虚拟货币是否具备价格尺度职能这一问题存在较大争议：有观点认为，部分虚拟货币在特定范围内具备价值尺度职能，典型的例子就是比特币，"比特币效仿黄金低产出和有限数量的特点，具备稀缺性充当价值尺度的社会职能"[1]；也有观点认为，具有价值尺度，首先应具备稳定的价值，没有稳定的价值就不能具备价值尺度的作用，而虚拟货币的价值很不稳定，不能具备价值尺度的作用[2]。

（2）从流通手段的职能来看，当货币在商品交换中起媒介作用时，即流通手段的体现。目前，部分虚拟货币可以在部分国家的现实交易中充当商品交换媒介，初步具备流通手段的基本职能。2010 年 5 月 22 日，一位名叫 Laszlo Hanyecz 的美国程序员用 1 万枚比特币购买了两个比萨。这被广泛认为是用比特币进行的首笔交易。自 2017 年以来，包括家电连锁商场 Big Camera、丸井（Marui）ANNEX 百货等在内的多家日本公司，已经开始支持使用比特币付款了。2018 年 1 月，日本首次出现使用比特币出售建筑的交易，有媒体报道称，日本东京一家名为 Yitanzi 的房地产公司将以 547 个比特币（约 600 万美元）的售价出售一幢商业楼。

（3）从储藏手段的职能来看，货币贮藏职能是指货币退出流通领域作为社会财富的一般代表被保存起来的职能。部分虚拟货币被认为具备价值储藏或购买力储藏的职能，比如，比特币由于总量有限的特点，供给具有天然的稀缺性，"挖矿"是产生新比特币的唯一方式，被部分人认为具有类似黄金的属性，在一定程度上具备一定的货币贮藏职能。但自从 2017 年以来，包括比

---

[1] 摘自贾丽平的《比特币的理论、实践与影响》（载于《国际金融研究》2013 年第 12 期）。
[2] 摘自李爱君的《虚拟货币和 ICO 法律分析》，地址为 http://opinion.caixin.com/2017-11-06/101166121.html（2018 年 5 月访问）。

特币在内的虚拟货币的价格出现了大幅波动，货币贮藏职能出现了一定程度的弱化。

（4）从支付手段的职能来看，支付手段是基于商业信用产生的，主要表现在赊购者偿还赊销款项、延期付款等方面。近年来，包括日本在内的多个国家从立法层面认可虚拟货币可以作为支付手段，虚拟货币的支付功能在世界各国出现了长足的发展，虚拟货币支付的范围也由原来的游戏、娱乐领域逐步扩展到了购物、贸易等领域。但是，需要特别指出的是，目前中国不认可包括比特币在内的虚拟货币作为支付工具。

（5）从世界货币的职能来看，世界货币职能是指货币超越国界，在世界市场上发挥一般等价物的职能。在区块链技术之上发展而来的虚拟货币是基于互联网而存在，其使用一般不会受到国界的限制，一定程度上可以体现和发挥世界货币的职能。

6.1.2 虚拟货币不是法律意义上的货币

虽然部分虚拟货币形式上具备了部分货币职能，但是目前，包括中国在内的大多数国家未承认虚拟货币具有与法定货币同等的法律属性，所以虚拟货币不属于法律意义上的货币。例如，根据2018年3月举行的二十国集团（G20）财政部长和中央银行行长会议发布的联合公报，虚拟货币被定义为资产而非货币，并被认为缺乏主权货币的关键属性。

第一，虚拟货币没有法定性。法定货币是通过国家授权和法律认可的，是国家发行的货币，具有法律强制的流通力，可以合法进行流通。没有得到国家法律认可的虚拟货币，不具有货币的法律属性。而不具备货币的法律地位，不能作为货币进行流通使用。

第二，虚拟货币没有法偿性。在现代信用货币制度中，法定货币由中央银行发行，由国家法律赋予无限法偿的能力。比如在中国，人民币是唯一的法偿性货币，这就是说，凡在中华人民共和国境内的一切公私债务，均以人民币进行支付，任何债权人在任何时候均不得以任何理由拒绝接收。而虚拟货币并非由国家中央银行发行，不具有无限法偿能力。

第三，虚拟货币没有强制性。现代法定货币代表的是国家信用，实际上代表的是全社会商品生产和交易。只要国家机器正常运转，国家法律的强制力就能赋予公众对法定货币的信任。而虚拟货币没有国家信用支撑，不具备法定货币的强制性。

在中国，包括比特币在内的虚拟货币明确不具有法定货币的法律地位。2017年，中国人民银行等七部委联合发布的《关于防范代币发行融资风险的公告》明确指出，代币发行融资中使用的代币或"虚拟货币"不由货币当局发行，不具有法偿性与强制性等货币属性，不具有与货币等同的法律地位，不能也不应作为货币在市场上流通使用。

6.1.3 虚拟货币在中国被定性为一种特定的虚拟商品

从世界范围来看，各国对虚拟货币的法律性质的认定未达成普遍的共识，虚拟货币的法律属性有待各国在立法和司法实践中进行明确。2013年，中国人民银行、工业和信息化部、中国银行业监督管理委员会、中国证券监督管理委员会、中国保险监督管理委员会五部委联合发布的《关于防范比特币风险的通知》（银发〔2013〕289号）为中国第一份对虚拟货币性质加以界定的规范性法律文件，该文件明确指出，"从性质上看，比特币应当是一种特定的虚拟商品"。中国人民银行在发布该文件时同时表示，"比特币交易作为一种互联网上的商品买卖行为，普通民众在自担风险的前提下拥有参与的自由[⊖]。"

[⊖] 摘自中国政府网的人民银行等五部委发布关于防范比特币风险的通知，地址为 http://www.gov.cn/gzdt/2013-12/05/content_2542751.htm，（2018年5月访问）。

因此，包括比特币在内的虚拟货币属于特定的虚拟商品，应属于"网络虚拟财产"的范畴。2017 年通过的《中华人民共和国民法总则》第 127 条首次在法律上使用了"网络虚拟财产"的概念，但是中国的法律尚无明确的法律规范界定网络虚拟财产。

中国法学理论界对网络虚拟财产究竟是何种性质的财产一直存在争议，主要存在以下四种学术观点：

（1）物权说。该观点认为，网络虚拟财产是一种特殊的物，适用现有法律对物权的有关规定，同时适合综合采用其他方式进行保护。

（2）债权说。该观点从网络运营商或服务商与网络用户之间的服务合同关系出发，认为网络虚拟财产的本质是一种债权性权利，网络虚拟财产是网络用户主张债权的权利凭证。

（3）知识产权说。该观点认为，网络虚拟财产在形态上属无形财产，是一种智力成果，应按照保护著作权的方法对网络虚拟财产进行法律保护。

（4）新型财产说。该观点认为，网络虚拟财产的独特性足以让其成为新型民事权利的客体，简单将其归于物权或债权均显失当，将其界定为新型权利并通过单行法方式予以规定符合虚拟财产权不断发展以及其权利内容不断拓展的特质⊖。

具体到虚拟货币或通证而言，其究竟属于何种性质的财产，我们认为，需要结合虚拟货币或通证所对应的项目的具体情况进行具体分析，不能简单地把虚拟货币或通证划分为某一性质的财产，应充分结合区块链技术及其应用的发展状况，结合虚拟货币或通证的特定应用场景，对虚拟货币或通证的财产性质进行合理的分类和界定。

⊖ 摘自杨立新的《民法总则规定网络虚拟财产的含义及重要价值》，载于《东方法学》2017 年第 3 期。

6.1.4 虚拟货币带来的法律和监管挑战

虚拟货币正在逐步渗透到普通人的社会生活中。虚拟货币可能引发洗钱、黑客、投资者保护和涉税等问题,给传统的法律秩序带来巨大的冲击,各国监管机构因此面临着巨大的困扰和挑战。

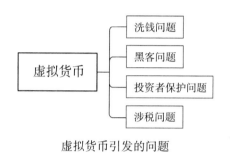

虚拟货币引发的问题

1. 洗钱问题

洗钱是指将非法所得及其收益合法化的行为,具体而言是指通过各种方式掩饰、隐瞒毒品犯罪、黑社会性质的组织犯罪、恐怖活动犯罪、走私犯罪、贪污贿赂犯罪、破坏金融管理秩序犯罪、金融诈骗犯罪等犯罪所得及其收益的来源和性质的活动。随着比特币等虚拟货币的发展,由于虚拟货币的匿名性、跨国性、去中心化、快捷性、不可撤销性等特点,利用虚拟货币洗钱和恐怖融资已成为洗钱和恐怖融资的新手段⊖。

2013 年 10 月,一家利用比特币进行匿名非法买卖的黑市购物网站"丝路(SilkRoad)"被美国 FBI 等多个执法部门查缴。该平台拥有近 100 万名客户,销售总额高达 12 亿美元。平台的唯一交易货币为比特币,平台提供的服务内容涵盖贩卖毒品、贩卖武器、伪造法律文书、黑客服务、色情服务等。在查封活动中,比特币交易中介平台总裁 BitInstant、比特币基金会副会长查理·舒雷姆(Charlie Shrem)于 2014 年 1 月被美国司法机关逮捕,随后被指

⊖ 摘自师秀霞的《利用虚拟货币洗钱犯罪的防控策略》,载于《中国人民公安大学学报(社会科学版)》2016 年 01 期。

控参与洗钱,和他人合谋向"丝路"用户出售价值 100 万美元的比特币。美国联邦检察官表示,舒雷姆在事先知晓这些比特币将用于贩毒等非法用途前提下,仍将超过价值 100 万美元的比特币贩售给"丝路"用户。2014 年 9 月,舒雷姆认罪并接受美国当局没收其 95 万美元财产,以及因涉洗钱和不法交易被判处刑期两年的判决。

2. 黑客问题

在大众的视角里,虚拟货币经常和黑客联系在一起。事实上,随着虚拟货币价格的上涨,与虚拟货币相关的黑客事件的数量也在不断攀升。美国知名网络安全公司赛门铁克发布的网络威胁情报数据显示,从 2017 年 10 月至 2018 年 1 月,全球范围内一共发生了约 500 万次与虚拟货币相关的黑客事件[⊖]。黑客们一方面盯上了虚拟货币这一新型的网络财富,把网络攻击的目标对准了虚拟货币交易所、"矿池"和个人账户;另一方面充分利用虚拟货币匿名性的特点,把虚拟货币变成了黑客收取勒索赎金的犯罪工具。

目前,与虚拟货币相关的黑客事件主要有三类:

(1)**虚拟货币网络窃取事件**。近年来,针对虚拟货币交易所的黑客事件时有发生。2017 年 12 月 19 日,韩国老牌交易所 Youbit 官方网站宣告破产。破产原因是交易所被黑客攻击,损失了 17% 的资产。2018 年 1 月 27 日,日本数字货币交易所 CoinCheck 宣布遭遇黑客攻击,价值约 4 亿美元的新经币(NEM)被窃,26 万名客户遭受损失。2018 年 2 月 11 日,意大利虚拟货币交易所 BitGrail 在其官网宣布,其价值 1.7 亿美元的 Nano 币被盗。2018 年 3 月 7 日,币安交易所遭遇黑客攻击,黑客入侵操控 31 个用户账号,在用户不知情的情况下,抛售了账号内的比特币,并高价买入了流动性非常差的代币 IA,使其在短短几小时内价格增长 100 多倍。

⊖ 摘自 PCHOME 的《全球 4 个月内发生 500 万起数字货币相关的黑客事件》,地址为 https://article.pchome.net/content-2052837.html(2018 年 5 月访问)。

（2）**挖矿劫持攻击事件**。挖矿劫持攻击是指黑客通过恶意程序控制用户的电脑来挖掘虚拟货币。挖矿恶意程序会导致设备运行缓慢和电池过热。对企业而言，挖矿恶意程序会使企业网络面临停机风险并增加云端 CPU 使用率，导致成本上升。根据赛门铁克的数据，2017 年，端点计算机端检测到的挖矿恶意程序数量暴涨 8500%，仅 12 月赛门铁克就记录了 170 万个。

（3）**勒索病毒事件**。勒索病毒，主要以邮件、程序木马、网页挂马的形式进行传播，利用各种加密算法对中毒计算机的文件进行格式篡改和加密，加密完成后，还会在桌面等明显位置生成勒索提示文件，指导用户去缴纳赎金（一般为比特币、门罗币等虚拟货币）。2017 年 5 月，WannaCry 蠕虫病毒通过 MS17-010 漏洞在全球范围大爆发，感染了大量的计算机，该病毒感染计算机后会向计算机中植入勒索病毒，导致大量文件被加密。受害者计算机被黑客锁定后，病毒会提示支付价值相当于 300 美元的比特币才可解锁。据统计，共有 100 多个国家和地区超过 10 万台计算机遭到了 WannaCry 蠕虫病毒的攻击、感染。

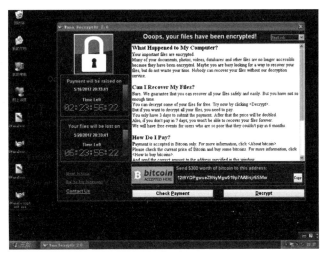

WannaCry 蠕虫病毒中毒页面⊖

⊖ 摘自 ofor 的《WannaCry 蠕虫一周年，勒索病毒狼烟四起》，地址为 http://www.hackbase.com/article-227398-1.html（访问于 2018 年 5 月）。

3. 投资者保护问题

投资者保护问题一直是各国制定虚拟货币监管政策时必须要考虑的重要问题。对于普通投资者来说，在使用虚拟货币的过程中，需要面对政策风险、交易风险、网络安全风险、市场价值波动风险，其财产安全权、知情权、公平交易权、依法求偿权和信息安全权往往难以得到保障。

2017年9月13日，中国互联网金融协会对外发布《关于防范比特币等所谓"虚拟货币"风险的提示》，称比特币、莱特币以及各类代币等所谓"虚拟货币"在互联网平台上的交易所形成的金融和社会风险隐患不容忽视，指出比特币等所谓"虚拟货币"日益成为洗钱、贩毒、走私、非法集资等违法犯罪活动的工具。中国互联网金融协会表示，比特币等所谓"虚拟货币"缺乏明确的价值基础，市场投机气氛浓厚，价格波动剧烈，投资者盲目跟风炒作，易造成资金损失，所以投资者需强化风险防范意识。中国互联网金融协会还指出，投资者通过比特币等所谓"虚拟货币"的交易平台参与投机炒作，面临价格大幅波动风险、安全性风险等，且平台技术风险也较高，国际上已发生多起交易平台遭黑客入侵盗窃事件，投资者须自行承担投资风险。不法分子也往往利用交易平台获取所谓"虚拟货币"以从事相关非法活动，存在较大的法律风险。

4. 涉税问题

虚拟货币的税收问题一直是困扰各国政府的难题。与一般的网络交易相比，虚拟货币的交易具有更强的隐蔽性，包括交易者的真实身份、地理位置、交易的金额和单价等计税依据和计税信息往往难以被政府税务部门掌握。传统的基于销售产品与提供劳务的增值税与营业税区分原则、基于"常设机构"作为来源地税收管理线的依据以及基于国界而设立的关税制度等都受到了巨大的冲击⊖。传统防范国际逃税避税的措施在虚拟货币冲击下已显得越发力不

⊖ 摘自曲磊、郭宏波的《比特币等虚拟货币金融犯罪风险前瞻》，载于《经济研究参考》2014年第68期。

从心。虚拟货币背景下预防跨境逃税和避税的主要障碍是政府税务部门能否及时获取相关纳税人的信息。而在当前，各国税务部门无法从单方面核实纳税人国际行为的相关税务报告是否真实。以比特币为例，比特币交易的相对匿名性为潜在的纳税人或居民选择不披露某些交易提供了更大的可能。各国税务部门对哪个国家在复杂的国际电子交易中应该享有税收权利感到困惑，由比特币导致的匿名交易和缺乏书面记录更加剧了这种混乱㊀。

6.2 "代码即法律？"——智能合约的法律效力

智能合约被称为区块链技术 2.0 的标志。有研究报告指出，"智能合约可能是区块链上最具革命性的应用"。如果智能合约在区块链上实现广泛运用，经济分工将在互联网时代进一步细化，更广泛的社会协同将得以实现。通过智能合约的广泛运用，区块链将创造多个特定领域的线上细分市场，直接对接全球范围内各网络节点间的需求和生产。㊁

6.2.1 智能合约的概念

"智能合约"（Smart Contract）的概念是 1994 年由著名学者 Nick Szabo 首次提出的。根据 Nick Szabo 的定义，智能合约指的是一系列以数字形式指定的承诺，包括各方履行这些承诺的协议。智能合约的基本思想是，在计算机系统的硬件和软件中嵌入合同条款，从而大幅提高违约成本。根据 Nick Szabo 的观点，自动售货机是智能合约的雏形。智能合约与自动售货机类似，可以自动接收和执行外部的指令；但与自动售货机不同的是，智能合约运用范围更广，可以将合同嵌入各种有价值且受数字手段控制的资产之中，并且

㊀ 摘自王寰的《比特币引发的国际逃税避税问题及其法律应对》，载于《税务研究》2018 年 01 期。

㊁ 摘自任泽平的《区块链研究报告：从信任机器到产业浪潮还有多远？——新经济系列研究》，地址为 http://news.hexun.com/2018-05-27/193087860.html（访问于 2018 年 5 月）。

智能合约能够以动态的、主动执行的形式跟踪合同涉及的资产,可以在减少主动措施的情况下提供更好的观察和验证手段⊖。

由于缺少能够支持智能合约的技术、系统和可信的执行环境,Nick Szabo 的"智能合约"设想并没有马上被应用到实际产业中。智能合约的突破得益于以太坊为代表的区块链技术的出现。区块链技术在一定程度上解决了智能合约所需的技术和系统问题,并且因为具有去中心化、不可篡改等特点,理论上为智能合约提供了可信的执行环境,推动了智能合约应用的快速发展。

近年来,有关智能合约的概念也在不断拓展。从各方的讨论来看,智能合约主要有两个层面的含义:第一个层面是技术层面上的含义,指区块链上存储、验证和执行的代码,即"智能合约代码"或"智能合约程序";第二个层面是法律层面的含义,指在区块链上运行的以计算机代码形式展现的法律协议,即"智能法律合约"。各国的法律暂未对智能法律合约进行专门的规定,因此当前的智能合约更多是一种计算机技术层面上的概念,而非法律层面上的概念。

6.2.2 技术层面的智能合约

目前,大部分人讨论的智能合约是特指在区块链上运行的智能合约,从技术角度来看,智能合约程序不只是一个可以自动执行的计算机程序,其同时也是系统的参与者,可以对接收的信息进行回应,可以接收和储存价值,也可以向外发送信息和价值。基于区块链的智能合约程序具有以下技术特点:

第一,智能合约程序一般基于外部事件触发而运行,比如交易的请求、特定时间点的到来等;

⊖ 摘自 Nick Szabo 的 Smart Contracts: Building Blocks for Digital Markets,地址为 http://www.fon.hum.uva.nl/rob/Courses/InformationInSpeech/CDROM/Literature/LOTwinterschool2006/szabo.best.vwh.net/smart_contracts_2.html(访问于 2018 年 5 月)。

第二,智能合约程序存储于区块链上,具有去中心化特征;

第三,智能合约程序能够保管数字资产,可以控制和调动区块链对应的数字资产;

最后,智能合约程序具有不可篡改性,一旦启动则完全自动化运行且一般无法干预。

下面将通过以太坊钱包合约(Wallet Contract)的例子来了解智能合约程序的创建和运作过程。以太坊的 Mist 程序提供了两种钱包合约类型,一种是"单一拥有者账户",另一种是"多重签名的钱包合约"。其中"单一拥有者账户"是一个无额外安全防护措施的简单合约,而"多重签名的钱包合约"是一个多用户联合控制账户,可以设置每日取现的限制。

1. 创建合约

我们将创建一个由小 A 和小 B 共同所有的多重签名的钱包合约。第一步,设置钱包合约的名称,我们将该钱包命名为"公共账户";第二步,设置合约的基础信息,我们预设该钱包合约每天最多可以发送 10 个以太币,超过每日提现限制的交易,需要小 A 和小 B 两个账户共同确认;第三步,设置账户所有者信息,我们在所有者信息中填入小 A 和小 B 的账户地址。在填好以上信息后,我们单击"创建"按钮创建合约,这样,智能合约就创建完成了。

2. 生成合约及存入资金

钱包合约的创建申请只需要钱包合约创建者单方确认即可,不需要钱包的其他所有者进行共同确认。经过小 A 账户的确认之后,该钱包合约的创建申请会作为一个交易发送给区块链进行验证,区块链验证交易通过以后即生成该钱包合约的地址,并提示用户进行备份。在钱包合约生成以后,我们可以通过其他任何账户向"公共账户"发送资金,发送金额不限。为了方便钱包的后续使用,我们往"公共账户"上发送 100 个以太币。

钱包合约的创建页面

"公共账户"信息页面

3. 提现操作

对于该钱包合约的提现操作,如果低于每日剩余限额,只需要小 A 或小 B 单方操作即可,如果超过每日剩余限额,则需要小 A 和小 B 的共同确认。比如,当小 A 账户从公共账户中提取 5 以太币时,钱包合约会自动判断,发送数量在今日限额以内,交易将立刻被发送;当小 A 账户从公共账户中提取 15 以太币时,钱包合约会自动判断,发送数量超过今日限额,需要其他账户的确认,并在小 A 发起交易后,将小 A 的交易申请发送给小 B。在小 B 批准以后,该交易才能执行。

第 6 章 通证时代的法律挑战

低于限额的提现操作页面

高于限额的提现操作页面

高于限额的提现操作的批准界面

通过"钱包合约"的例子,我们可以了解到,智能合约程序主要是通过合约账户的设置和运作来实现的。在以太坊系统中,账户被分为外部账户和合约账户。上文中的"小 A"账户和"小 B"账户属于外部账户,由用户通过私人密钥控制,只存储了账户所持有的数字资产的数量;"共同账户"属于

161

合约账户，包含两部分的内容，一是账户所持有的数字资产的数量，二是智能合约代码。在实际应用中，合约账户被部署在区块链的账本上，在平时可以起到保存账户的数字资产的功能，在收到外部信息时，可以根据事先预设的智能合约代码，控制对应的数字资产，对接收到的信息或者数字资产进行回应。从用户的角度来说，合约账户是一个被计算机程序自动控制的账户，当满足特定条件后，该账户会进行数字资产的划拨。

6.2.3 法律层面的智能合约

从法律角度看，智能合约及合约账户中的"合约"（Contract）不是严格法律意义上合同的概念，其往往缺乏合同的基本要素，可能只是合同的一种执行或履约方式。各国对于合同的概念并不相同，在"大陆法系"⊖中，合同一般被认为是一种"合意"或"协议"，而在"英美法系"⊖中，合同一般被认为是一种"允诺"。在中国，作为法律概念的合同是指平等主体的自然人、法人、其他组织之间设立、变更、终止民事权利义务关系的协议。在中国的合同法体系下，技术层面的"智能合约代码"要转化为法律层面的"智能法律合约"需要满足三个条件：

（1）智能合约反映的是一种民事法律行为，以意思表示为要素，且按意思表示的内容赋予法律效果。

（2）智能合约必须有两方或多方的当事人，当事人之间互为意思表示，并且意思表示一致。

（3）智能合约必须以设立、变更、终止民事权利义务关系为目的。

⊖ "大陆法系"亦称"罗马法系"或"民法法系"，是指欧洲大陆上源于罗马法、以1804年《法国民法典》为代表的各国法律。
⊖ "英美法系"亦称"普通法系""英国法系""判例法系"，是指以英国普通法为基础发展起来的法律的总称。

从合同的形式来看，我们认为，"智能法律合约"属于电子合同，可以适用电子合同的相关法律规则。电子合同是指双方或多方当事人之间通过信息网络以 EDI（电子数据交换）、电子邮件等电子的形式达成的设立、变更、终止财产性民事权利义务关系的协议。与传统合同相比，电子合同具有以下特点：

（1）**合同形式的电子化**，电子合同的载体是电子数据，不存在原件与复印件的区别。传统合同一般以当事人签字或者盖章的方式表示合同生效，而在电子合同中，传统的签字盖章方式被电子签名所代替。

（2）**合同主体的虚拟化**，电子合同改变了传统合同面对面签约的方式，网络交易的虚拟性可以让各方当事人在不需要见面的情况下完成整个电子合同的订立和履行。

（3）**合同条款的格式化**，在电子合同的订立过程中，当事人往往借助于标准化合同条款，以简化交易程序，减低交易成本，提高交易效率。

与以往的电子合同相比，基于区块链技术发展而来的"智能法律合约"具有自身鲜明的特点。

（1）**合同条款的代码化**，智能法律合约由代码编写而成，智能合约平台为用户提供了大量的智能合约代码模板，用户可以参考代码模板将传统合同的法律文本转化为计算机代码。

（2）**合同主体的匿名化**，由于区块链的匿名性特征，交易对手无须通过公开身份的方式让对方自己产生信任，合同主体可以进行匿名交易。

（3）**合同履行的智能化**，用户可以使用智能合约代码来设计自动执行的合同关系，当代码中描述的某些条件得到满足时，将自动触发代码中定义的特定操作。

（4）合同记录的可信化，一旦合同的相关信息经过验证并添加至区块链，就会永久存储起来，且一般不可篡改。

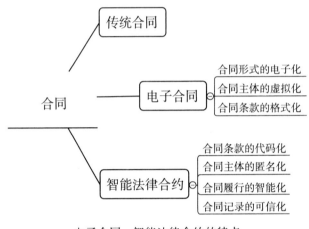

电子合同、智能法律合约的特点

在智能合约的有关交易中，智能合约账户扮演了重要的角色，一方面可保存账户的数字资产，另一方面可以对接收到的信息或者数字资产进行回应。我们认为，智能合约账户可以视为电子合同中的"电子代理人"。"电子代理人"是欧美电子商务法中的一个重要制度，根据美国《统一计算机信息交易法》第102条第a款第（27）项规定，"电子代理人"是指完全或部分不需要人的审查，而能自动、独立地发出、接收、回应电子信息，以及履行合同的计算机程序或其他自动化装置。我国的法律并未对"电子代理人"的法律地位进行明确，但是参照欧美"电子代理人"的有关法律概念，我们可以对智能合约账户的法律属性进行更好的认知和分析。我们认为，智能合约账户从法律属性来说，不属于民法上的人，也不属于传统意义上的代理人，而是其所有人或控制人用以缔约和履约的工具。智能合约账户的活动应视为其所有人或控制人思维和行为的一种延伸，智能合约账户所做的意思表示，效力应归属于其所有人或控制人。

6.2.4 智能合约的危机——The DAO 事件

The DAO 项目是德国 Slock.it 公司在以太坊发起的一个项目，于 2016 年 5 月 28 日完成募资，共募集 1150 万以太币，在当时的价值达到 1.6 亿美元。2016 年 6 月 17 日，The DAO 项目遭遇网络攻击，黑客利用智能合约的漏洞劫持了高达 360 多万以太币，在当时引起轩然大波。

THE DAO 结构图㊀

1. 事件经过

2016 年 6 月 17 日，黑客利用 The DAO 智能合约中递归调用（Recursive Calling）的漏洞对 The DAO 进行攻击，将 The DAO 项目的大约 360 万个以太币转移到其创立并控制的以太坊地址中（被转移的以太币占 The DAO 募集的以太币总量的 1/3）。但是受 The DAO 代码的限制，黑客必须等到 27 天以后才能将这部分 ETH 转移到其他地址。

2016 年 6 月 18 日，开放交易验证后，以太坊社区号召大家通过发送大

㊀ 摘自共享财经的《三分钟看懂史上最逆天的区块链众筹项目 The DAO》，地址为 http://www.sohu.com/a/76901612_379963（访问于 2018 年 5 月）。

量垃圾交易阻塞交易验证的形式减缓黑客的继续偷盗，并组织核心开发团队开发补救版本，拟通过"软分叉"方式部署上线；同时，白帽通过使用与黑客同样的方法将剩余 2/3 未被盗取资金转移到安全账户。

2016 年 6 月 19 日，自称本次事件攻击者的人通过网络匿名访谈宣布将通过智能合约的形式奖励不支持软分叉的矿工 100 万以太币和 100 比特币，来对抗以太坊社区的软分叉提议。同日，黑客再次对 The DAO 进行攻击，但是只有少量 The DAO 被黑客转移。

2016 年 6 月 24 日，以太坊社区提交了软分叉提案，希望通过阻止所有人从 The DAO 中提取资金，为找回被盗以太币争取时间。

2016 年 6 月 28 日，Felix Lange 指出软分叉提案存在 DoS 攻击风险，能够让黑客伪造 gas，并通过广播大量无效却标有高价 gas 的智能合约，吸引矿工验证它们，从而驱使整个区块不能处理真实有效的交易。

2016 年 6 月 30 日，以太坊创始人 Vitalik Buterin 提出硬分叉设想。

最终，为了挽救 The DAO 项目，以太坊基金会通过投票决定于 2016 年 7 月 20 日进行硬分叉，硬分叉使得所有募集的资金（包括攻击者持有的资金）都将从 The DAO 转移到一个复原地址，在这个地址上，所有接受硬分叉的 DAO 代币持有者都可以将他们的 DAO 代币转换成 ETH，避免丢失他们所投资的 ETH。这次硬分叉将以太坊直接撕裂成两部分——ETH（以太坊）和 ETC（以太坊经典），ETH 用硬分叉的方式回滚交易，让社区发生了分裂。一部分人继续维护原链（ETC），一部分人维护新链（ETH）。其中，新链（ETH）为以太坊的官方版本 ETH，由其原始开发团队进行维护，而原链 ETC 则由一个全新团队进行维护。

2. 被黑客利用的智能合约漏洞

The DAO 编写的智能合约中有一个 splitDAO 函数，攻击者通过此函数中的漏洞重复利用自己的 DAO 资产来不断从 The DAO 项目的资产池中分离 DAO 资产给自己。攻击者组合了 2 个漏洞攻击。攻击者利用的第一个漏洞是递归调用 splitDAO 函数。也就是说 splitDAO 函数被第一次合法调用后会非法地再次调用自己，然后不断重复这个自己非法调用自己的过程。这样的递归调用可以使得攻击者的 DAO 资产在被清零之前，数十次地从 The DAO 的资产池里重复分离出理应被清零的攻击者的 DAO 资产。攻击者利用的第二个漏洞是 DAO 资产分离后避免从 The DAO 资产池中销毁。正常情况下，攻击者的 DAO 资产被分离后，The DAO 资产池会销毁这部分 DAO 资产。但是攻击者在递归调用结束前把自己的 DAO 资产转移到了其他账户，这样就可以避免这部分 DAO 资产被销毁。在利用第一个漏洞进行攻击完后把安全转移走的 DAO 资产再转回原账户。通过这种方式，攻击者做到了只用 2 个同样的账户和同样 DAO 资产进行了 200 多次攻击[1]。

3. 事件对智能合约的启示

The DAO 在成立之初被寄予厚望。DAO 的全称是 Decentralized Autonomous Organization，即"去中心化的自治组织"，代表着一种特殊的组织形式，在该组织形式下，组织内的所有决策都由组织成员以某种事先约定好的形式来进行投票，决定是否通过。根据最初的设想，The DAO 通过以太坊筹集到的资金会锁定在智能合约中，没有哪个人能够单独动用这笔钱。更重要的是，该组织只存在于虚拟的数字世界中，不受任何政府监管约束，无国界，资金是加密虚拟货币的以太币（Ether）形式，其行为由智能合约中的代码来主导[2]。

The DAO 被视为人类尝试完全自治组织的一次艰难试验，因技术上存在缺陷，理念上和现行的政治、经济、道德、法律等体系不能完全匹配，以致

---

[1] 摘自段玺的《TheDAO 被攻击事件考察报告》，地址为 https://ethfans.org/posts/127（2018 年 5 月访问）。

[2] 摘自张海宁的《道 or 悼？三分钟看懂史上最逆天的区块链众筹项目，The DAO》，地址为 http://www.8btc.com/what-is-the-dao（2018 年 5 月访问）。

失败告终⊖。The DAO 的黯然落幕，促使人们能够更好地反思智能合约及区块链技术在运行过程中暴露出的诸多问题。结合 The DAO 事件的教训，我们认为，智能合约在未来的发展过程中需要解决好以下三个问题：

（1）**智能合约代码的安全性问题**。网络安全是区块链技术发展过程中永恒的主题。如何最大限度地避免或减少智能合约代码的漏洞，从源头上彻底解决智能合约代码的安全性问题，是未来智能合约发展必须要考虑的问题。采取构建更为安全的智能合约模型、建立智能合约的安全性指导标准、加强代码的复核及安全审计等措施都是未来人们可能努力的方向。

（2）**智能合约的责任主体问题**。The DAO 项目出现安全漏洞的直接原因被认为是 The DAO 开发团队能力不够，缺乏对于代码的复核机制。而谁应该对此次安全漏洞负责呢？由于 The DAO 是一个"去中心化的自治组织"，开发团队创造了项目的开源框架，但无人知晓该项目是谁发起的，该项目缺少一个明晰的所有人或控制人，没有一个责任主体可以对此次安全漏洞负责。"智能合约的运行实践中，似乎出现了一种令人不安的倾向，即越是找不到可以追责的人，这个智能合约就被视为越有创意和反叛精神，越被市场追捧。这是不正常的。"⊜在未来，在智能合约启动之前确定相应责任主体，明确界定智能合约的所有人或控制人，也许是今后发展的一个方向。

（3）**智能合约的事后救济问题**。The DAO 事件暴露出智能合约缺乏及时有效的事后救济手段，事后纠错成本极高。传统合同通常来说都是可逆转、无终局性的。典型就是通过银行方式转账，因为银行转账都是通过央行结算的，因此存在错付情况下，可以进行往回转账的逆向修正，而智能合约的终局性取决于具体区块链，一般公有链上通常是不可逆转的（准确地说是逆转

⊖ 摘自 Henry Zhang 的《软硬兼施，完币归赵 – 史上最大众筹项目 The DAO 黯然落幕》，地址为 https://ethfans.org/henry/articles/175（2018 年 5 月访问）。

⊜ 摘自白硕的关于 The DAO 智能合约被攻击事件的反思，地址为 http://blog.sina.com.cn/s/blog_729574a00102wqw6.html。

难度极高）[1]。本次事件采用饱受争议的"硬分叉"方法进行了逆转，但此方法不能作为一种常规的事后救济手段来使用。在未来的发展中，或许某些区块链可以设计为"满足特定条件逆转"，比如设计一个专门用于撤销交易的特殊节点，在某个交易被司法部门判定为执行错误的情况下，可以通过该节点将交易执行的结果恢复原状。

6.3 "创新或骗局？"——ICO 的法律挑战

如前文所述，ICO（Initial Coin Offering）是指区块链项目首次发行特定虚拟货币，募集比特币、以太坊等主流虚拟货币的行为。中国政府的官方文件中把 ICO 称为"首次代币发行"，把 ICO 发行的特定虚拟货币称为"代币"而非"通证"。为了方便理解，如无特别说明，下文把 ICO 发行的特定虚拟货币统一称为"代币"，与官方文件保持一致。

6.3.1 疯狂的 ICO

ICO 始于 2013 年，本限于对区块链技术应用项目开发，是小规模代币融资用以技术开发，发行的代币用于对开发人员"码农的打赏"，实际相当于技术开发项目的早期众筹[2]。2015 年 11 月，以太坊推出了专门用于代币发行的 ERC 20 token 标准，大大降低了 ICO 的技术门槛。之后，随着比特币、以太坊等虚拟货币价格的持续上涨，ICO 在全世界范围出现快速增长。

自 2017 年以来，ICO 在中国国内出现大幅升温。根据国家互联网金融安

---

[1] 摘自国君通信宋嘉吉的《DAO 遭遇黑客攻击的法律分析——对话区块链大佬系列：法律专家，孙铭》，地址为 https://mp.weixin.qq.com/s?src=3&timestamp=1526550069&ver=1&signature=l7dVzLkQ4iDtm7fLp4HIs8unRU*LwGXc1uzEw-GaRpKpKBDTBI7XAAgidYUpkuPThGnJoi*6xN-pMC*T4U2nUghXhugVfwcWs1E2A5oqGwawBYNtCWfejAfUHmUSaCIJoWAJjawi6FVMq1fLnH*PX3faLjwY7w8rbfIM07QBP5M=（2018 年 5 月访问）。

[2] 摘自张宇哲、于达维、吴雨俭、董兢的《区块链悖论》，载于《财新周刊》2017 年第 25 期。

全技术专家委员会发布的《2017 上半年国内 ICO 发展情况报告》，2017 年上半年通过国内平台完成的 ICO 项目累计融资规模折合人民币总计 26.16 亿元，累计参与人数达 10.5 万。有国际相关报告认为，中国可能有超过两百万人参与过 ICO。根据财新网的报道，中国监管当局于 2017 年研究了大量的 ICO 白皮书，得出的结论是："90% 的 ICO 项目涉嫌非法集资和主观故意诈骗；真正募集资金用作区块链项目投资的 ICO，其实连 1% 都不到[⊖]。"

6.3.2 ICO 流程的风险隐患

从 ICO 的流程可以看出，由于整个 ICO 流程全程缺乏政府部门的监管，极其容易成为不法分子进行非法集资、诈骗、传销等非法犯罪活动的工具，对现有的社会体制带来极大的冲击和挑战。

（1）在项目发起环节，由于没有严格的准入门槛和审批标准，ICO 中混杂了大量以圈钱为目标的项目，项目背后隐藏着项目方过度承诺、消极对待、携款潜逃、庞氏融资等风险。

（2）在代币（通证）发行环节，由于目前 ICO 代币（通证）的发行技术门槛较低，只需要非常低的投入即可创建新的代币（通证），为不法分子提供了低成本的犯罪工具。

（3）在认购代币（通证）环节，投资者适当性管理缺失。投资者适当性管理的核心就是把合适的产品卖给合适的投资者，即投资者与产品之间的风险必须"匹配"。ICO 发行的代币显然大部分属于高风险产品，不适合普通投资者。而在中国，ICO 的融资对象出现了由小众渗透至大众市场的趋势，导致大量的低风险承受能力的普通投资者进场参与 ICO，容易诱发群体性事件，影响社会稳定。

⊖ 摘自财新网的《ICO 被定性为涉嫌非法集资一夜暴富梦碎》，地址为 http://finance.caixin.com/2017-09-02/101139644.html（访问于 2018 年 5 月）。

（4）在代币（通证）上市环节，由于没有监管，虚拟货币的二级市场交易存在人为操纵的风险，虚拟货币的价格时常出现暴涨或暴跌的情况，加上相关信息披露的缺乏，投资者的利益难以得到保障，随着参与 ICO 资金不断增长，可能引发系统性的金融风险，对金融稳定造成冲击。

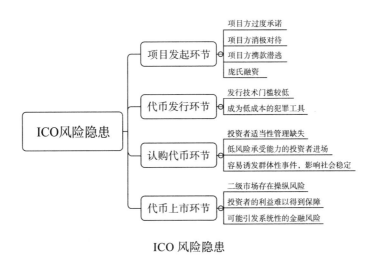

ICO 风险隐患

6.3.3 中国宣布 ICO 为非法活动

ICO 的持续升温受到了中国金融监管部门的密切关注。2017 年 9 月 2 日，互联网金融风险专项整治工作领导小组办公室向各省市金融办（局）发布了《关于对代币发行融资开展清理整顿工作的通知》。该文件指出，近期国内通过发行代币形式包括首次代币发行（ICO）进行融资的活动大量涌现，投机炒作盛行，决定将代币发行融资活动纳入互联网金融风险专项整治工作内容。

2017 年 9 月 4 日，中国人民银行、中央网信办、工业和信息化部、工商总局、银监会、证监会、保监会七部委联合发布了《关于防范代币发行融资风险的公告》，明确将 ICO 定性为一种未经批准的非法公开融资的行为，涉嫌非法发售代币票券、非法发行证券以及非法集资、金融诈骗、传销等违法犯罪活动，应予全面清理整顿，坚决治理市场乱象。公告要求，自发布之日起，各类代币发行融资活动应当立即停止，已完成代币发行融资的组织和个人应当做出清退等安排，合理保护投资者权益，妥善处置风险。根据该文件的要求，任何场景下各种场内外代币融资交易平台或者媒介都不得进行人民币与任何形式的虚拟货币的直接交易，也不允许平台以中介形式撮合交易。

随着央行等七部委联合发布的 ICO 监管公告出台，各地立即开展相关整治工作。截至 2017 年 11 月 20 日，虚拟货币市场清理整治工作取得显著成效，阶段性目标基本实现。一是摸清了风险底数。各地迅速组织召开工作部署会和制定实施方案，摸清了比特币交易场所和 ICO 平台的风险底数，全国已发现 85 家 ICO 平台和 88 家比特币交易平台。二是整治效果显著。所有已发现的平台均已停止 ICO 发行及虚拟货币交易，85 家 ICO 平台均已停止发行和交易，其中，81 家已完成清退工作，剩余 4 家失联平台已移交相关责任部门处理；88 家比特币交易平台均已停止交易，其中，74 家已完成投资者提款提币，剩余 14 家提款提币业务正在有序推进。三是有效保护了投资者利益。各地指导平台在退款退币工作中与投资者充分协商，确保投资者资金和虚拟货币安全，各项工作平稳开展，期间未发生群体性事件，舆情反映积极正面[⊖]。

2018 年 4 月 23 日，中国人民银行条法司副司长龚雁在防范和处置非法集资法律政策宣传座谈会上表示，全国摸排出的 ICO 平台和比特币等虚拟货币交易场所已基本实现无风险退出。

6.3.4 ICO 的法律风险

在中国全面禁止 ICO 的背景下，在国内进行 ICO 相关活动将面临巨大

⊖ 摘自互联网金融风险专项整治工作领导小组办公室的《互联网金融风险专项整治工作简报（第 53 期）》，地址为 https://www.jinse.com/news/bitCoin/132552.html（访问于 2018 年 5 月）。

的法律风险。

1. ICO 发行人面临的法律风险

根据中国现行的法律规定，ICO 发行人在国内开展 ICO 相关业务，可能涉嫌从事非法发售代币票券、非法发行证券以及非法集资、金融诈骗、传销等违法犯罪活动。

非法发售代币票券

传统意义上的代币票券一般是指单位或个人发售，蕴含一定价值，代替人民币在一定环境中充当流通手段和支付手段，用于购物或消费的书面凭证。《中华人民共和国中国人民银行法》第二十条规定："任何单位和个人不得印制、发售代币票券，以代替人民币在市场上流通。"该法第四十五条同时规定："印制、发售代币票券，以代替人民币在市场上流通的，中国人民银行应当责令停止违法行为，并处二十万元以下罚款。"

目前，根据国内监管文件的精神及相关法律规定，传统意义上的代币票券概念也延伸到区块链的代币，ICO 中发售代币的行为在国内被视为非法发售代币票券的行为，是被法律所禁止的，并可能面临中国人民银行的"二十万元以下罚款"的行政处罚。

非法发行证券

非法发行证券，是指违反《中华人民共和国证券法》等法规的规定，未经有权机关批准，擅自公开发行证券或变相公开发行证券的行为。公开发行是指面对不特定对象发行或者向特定对象发行证券后，证券持有人超过 200 人。面对特定对象发行证券的，必须严格遵守非公开发行的相关规定，不得采用广告、公告、广播、电话、传真、信函、推介会、说明会、网络、短信、公开劝诱等公开方式或变相公开方式向社会公众发行。

《证券法》第一百八十八条规定，未经法定的机关核准或者审批，擅自发行证券的，或者制作虚假的发行文件发行证券的，责令停止发行，退还所募资金和加算银行同期存款利息，并处以非法所募资金金额百分之一以上百分之五以下的罚款。对直接负责的主管人员和其他直接责任人员给予警告，并处以三万元以上三十万元以下的罚款。构成犯罪的，依法追究刑事责任。《中华人民共和国刑法》第一百七十九条规定，未经国家有关主管部门批准，擅自发行股票或者公司、企业债券，数额巨大、后果严重或者有其他严重情节的，构成擅自发行股票、公司、企业债券罪，处五年以下有期徒刑或者拘役，并处或者单处非法募集资金金额百分之一以上百分之五以下罚金；单位犯前款罪的，对单位判处罚金，并对其直接负责的主管人员和其他直接责任人员，处五年以下有期徒刑或者拘役。最高人民检察院、公安部《关于经济犯罪案件追诉标准的规定》规定，未经国家有关主管部门批准，擅自发行股票或者公司、企业债券，涉嫌下列情形之一的，应予立案追诉：发行数额在五十万元以上的；不能及时清偿或者清退的；造成恶劣影响的。

从目前的 ICO 实际案例来看，大部分 ICO 发行人会在发行代币前在项目官方网站或社区发布白皮书或项目介绍，说明项目信息、项目团队及募集资金的用途等内容，很可能会被监管部门认定为以公开的方式向社会公众进行推介，即使是面对特定对象发行，投资人数往往也难以控制在法律所要求的人数内。因此，证券类 ICO 发行人以公开发行的方式向社会公众募集资金的，其可能构成非法发行证券行为，面临证监会的行政处罚。并且，由于中国刑法中的追诉标准较低，发行金额在五十万元以上的，即可被司法机关追诉，证券类 ICO 发行人可能因擅自发行股票、公司、企业债券罪面临最高五年有期徒刑的刑事处罚。

非法集资与金融诈骗

非法集资是指违反国家金融管理法律规定，向社会公众（包括单位和个人）吸收资金的行为，主要包括非法吸收公众存款或者变相吸收公众存款以及集资诈骗。《最高人民法院关于审理非法集资刑事案件具体应用法律若干问题的解释》(法释〔2010〕18号)明确构成非法集资需同时具备四个特征要件：非法性，未经有关部门依法批准或者借用合法经营的形式吸收资金；公开性，通过媒体、推介会、传单、手机短信等途径向社会公开宣传；利诱性，承诺在一定期限内以货币、实物、股权等方式还本付息或者给付回报；公众性，向社会公众即社会不特定对象吸收资金，其中，未向社会公开宣传，在亲友或者单位内部针对特定对象吸收资金的，不属于非法吸收或者变相吸收公众存款。

非法集资涉及中国刑法的两个罪名，一是"非法吸收公众存款或者变相吸收公众存款罪"，二是"集资诈骗罪"。其中，违反国家金融管理法律规定向社会公众（包括单位和个人）吸收资金的行为，同时具备构成非法集资的四个特征要件，除刑法另有规定的以外，应当认定为刑法第一百七十六条规定的"非法吸收公众存款或者变相吸收公众存款"，可能判处三年以上十年以下有期徒刑；以非法占有为目的，使用诈骗方法实施"非法吸收公众存款或者变相吸收公众存款"所属行为的，应当依照刑法第一百九十二条的规定，以集资诈骗罪定罪处罚，可能判处十年以上有期徒刑或者无期徒刑。

按照中国现有监管政策，ICO已被界定为一种非法的融资行为，如果ICO项目满足面对公众公开宣传、向社会不特定对象吸收资金和承诺高收益回报三个条件，ICO发行人可能面临非法吸收公众存款罪的处罚。如果ICO发行人以非法占有为目的，虚报项目并发布欺骗性信息，骗取投资人数额较大资金，将可能面临涉嫌集资诈骗罪的处罚。

传销

传销，是指组织者或者经营者发展人员，通过对被发展人员以其直接或者间接发展的人员数量或者销售业绩为依据计算和给付报酬，或者要求被发展人员以交纳一定费用为条件取得加入资格等方式牟取非法利益，扰乱经济秩序，影响社会稳定的行为。根据《中华人民共和国刑法》第二百二十四条的规定,组织、领导以推销商品、提供服务等经营活动为名,要求参加者以缴纳费用或者购买商品、服务等方式获得加入资格,并按照一定顺序组成层级,直接或者间接以发展人员的数量作为计酬或者返利依据,引诱、胁迫参加者继续发展他人参加,骗取财物,扰乱经济社会秩序的传销活动的,处五年以下有期徒刑或者拘役,并处罚金;情节严重的,处五年以上有期徒刑,并处罚金。根据相关司法解释,组织内部参与传销活动人员在三十人以上且层级在三级以上的,应当对组织者、领导者追究刑事责任。

从正常ICO的流程来看,一般不具有传销所必需的层级性,且不会要求投资者发展下线,投资者的收益主要来自于二级市场的交易,一般不会直接或者间接与投资者发展人员的数量挂钩。随着区块链技术概念的火热,部分传销组织将"虚拟货币"的概念与传销结合起来,形成"传销式虚拟货币"。相比其他传销,虚拟货币传销一般具有以下特点:以虚拟货币作为传销的产品;参加者可以获得拉人头奖励,奖品是虚拟货币本身;虚拟货币会随着参与骗局人数的增加而升值,在虚拟货币升值周期,参与者可获得虚拟货币的数量也会增长,参与者包括最底层参与者也会获利,但是进入贬值周期,底层参与者往往损失巨大⊖。

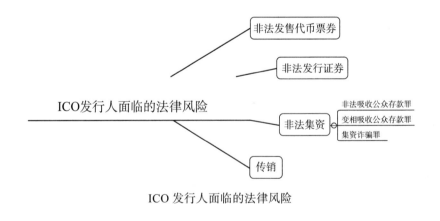

ICO 发行人面临的法律风险

⊖ 参见江苏省互联网金融协会发布的《互联网传销识别指南》(2017版)。

2. ICO 投资者面临的法律风险

中国国务院 1998 年 6 月 30 日发布的《非法金融机构和非法金融业务活动取取缔办法》明确规定，因参与非法吸收公众存款，非法集资活动等非法金融活动受到的损失，由参与者自行承担，而形成的债务和风险，不得转嫁给未参与非法吸收公众存款、非法集资活动的国有银行和其他金融机构以及其他任何单位。债权债务清理清退后，有剩余非法财物的，予以没收，就地上缴中央金库。在取缔非法吸收公众存款、非法集资活动的过程中，地方政府只负责组织协调工作，而不能采取财政拨款的方式弥补非法集资造成的损失。

在中国监管部门宣布 ICO 为非法活动的大背景下，作为 ICO 的投资者存在参与非法集资、非法发行、传销等非法活动的风险。投资者参与 ICO 的行为将无法受到法律的保护，投资者必须自行承担因参加 ICO 活动而造成的损失。

3. ICO 交易中介机构面临的法律风险

《关于对代币发行融资开展清理整顿工作的通知》明确要求，任何所谓的代币融资交易平台不得从事法定货币与代币、"虚拟货币"相互之间的兑换业务，不得买卖或作为中央对手方买卖代币或"虚拟货币"，不得为代币或"虚拟货币"提供定价、信息中介等服务，同时明确要求关停国内所有虚拟货币交易所。自 2017 年 9 月以后，虚拟货币交易所在中国国内开展业务的，主要可能会面临非法经营罪的指控。根据《刑法》第二百二十五条的规定，未经国家有关主管部门批准，非法经营证券、期货或者保险业务的，可能构成非法经营罪，扰乱市场秩序，情节严重的，处五年以下有期徒刑或者拘役，并处或者单处违法所得一倍以上五倍以下罚金；情节特别严重的，处五年以上有期徒刑，并处违法所得一倍以上五倍以下罚金或者没收财产。此外，虚拟货币交易所还可能面临洗钱罪、非法吸收公众存款或者变相吸收公众存款罪、集资诈骗罪等罪名指控的法律风险。

"代投模式"是 2017 年 9 月监管政策落地后，ICO 领域演变出的一种募资形式。代投的基本模式是代投人向普通投资人募集资金以后，以代投人的名义向 ICO 项目进行投资。在 2017 年下半年，由于公开 ICO 的平台关停，代投模式成为国内虚拟货币投资者的重要渠道。在中国现行的法律体制下，与 ICO 活动相比，代投模式同样面临被认定为非法集资和金融诈骗的法律风险。

6.4 本章小结

虚拟货币的概念总是容易引起普通民众的误解，虽然以比特币为代表的部分虚拟货币在一定程度上具备了传统货币的部分货币职能，但是大多数国家不承认虚拟货币具有与法定货币同等的法律属性。在中国，虚拟货币明确不属于法定货币，被定性为一种特定的虚拟物品。虚拟货币正在逐步渗透到传统的社会生活中，因虚拟货币而产生洗钱、黑客、投资者保护和涉税等问题是给法律和监管带来了极大困扰和挑战。

当前的智能合约是技术上的概念，而非法律上的概念，各国的法律暂未对智能法律合约进行专门的规定。智能合约的突破得益于以太坊为代表的区块链技术的出现。通过以太坊"钱包合约"的例子，我们可以了解到，智能合约程序主要是通过合约账户的设置和运作来实现的。从法律角度看，智能合约不是严格法律意义上合同的概念，其往往缺乏合同的基本要素。技术层面的"智能合约代码"要转化为法律层面的"智能法律合约"需要满足现有法律规定的条件。我们认为，"智能法律合约"属于电子合同，可以适用电子合同的相关法律规则，而在智能合约的有关交易中扮演了重要角色的"智能合约账户"可以视为电子合同中的"电子代理人"。智能合约账户所做的意思表示，效力应归属于其所有人或控制人。因智能合约漏洞而导致的 The DAO

事件，结束了人们对于智能合约过高的期望，促使人们更深入地反思智能合约代码的安全性、智能合约的责任主体和智能合约的事后救济等问题。

自进入 2017 年以来，ICO 在中国国内出现大幅升温。由于整个 ICO 流程全程缺乏政府部门的监管，极其容易成为不法分子进行非法集资、诈骗、传销等非法犯罪活动的工具。2017 年 9 月，中国全面禁止 ICO，将 ICO 定性为一种未经批准的非法公开融资的行为。ICO 开始全面退出中国。ICO 的国内发行人将面临非法发售代币票券、非法发行证券以及非法集资、金融诈骗、传销等违法犯罪行为的指控。国内投资者参与 ICO 活动将无法受到政府和法律的保护。国内的 ICO 交易中介机构已被全面清理，虚拟货币交易所禁止在中国开展业务，代投模式同样存在被认定为非法活动的风险。

我们将在下一章对各国区块链监管政策进行介绍。

第7章

各国区块链监管发展实践

正如第6章所言，因虚拟货币而产生新形式的洗钱、黑客、投资者保护和涉税等问题，这给各国监管机构带来了极大困扰和挑战。近年来，各国政府不同程度地推进区块链领域的监管工作，纷纷出台了针对虚拟货币的监管政策，但各国政府尚未就监管问题达成广泛的共识，未形成统一的监管规则。

7.1 概述

总体而言，各国的监管政策具有以下特点：

（1）**各国监管政策差异较大**。各国政府针对区块链及虚拟货币的监管规则不尽相同，且目前对于如何更好地监管这一领域存在广泛的意见分歧。我们认为,根据监管政策的不同,各国可以分为三大阵营。第一个阵营以中国、韩国为代表,对于虚拟货币采取了严格的监管政策,禁止 ICO 和虚拟货币交易;第二个阵营以日本、英国为代表,对于虚拟货币采取了宽松的监管政策,支付和鼓励虚拟货币及 ICO 的发展;第三阵营以美国、法国为代表,采取了介于严格与宽松之间的监管政策,以谨慎的态度对待虚拟货币及 ICO。

(2)普遍出现加强监管的趋势。自 2017 年以后,随着 ICO 风险的不断暴露,包括美国在内的越来越多的国家,甚至是一直持支持态度的日本、英国等国也开始加强对虚拟货币、ICO 和虚拟货币交易所的监管,逐步开始重视因虚拟货币引发的投资者保护问题、逃税、洗钱和恐怖融资等问题,各国监管普遍呈现严格的趋势。

(3)国际监管尚未达成共识。近年来,各国曾多次就虚拟货币的监管问题在国际会议上进行讨论,但均未达成广泛的共识。例如,2018 年 3 月,二十国集团(G20)财政部长和中央银行行长会议在阿根廷首都布宜诺斯艾利斯召开,欧洲各国代表曾推动协调立法以共同监管虚拟货币,呼吁制定国际监管框架,但最终各国并未对加强虚拟货币监管的具体措施达成共识。

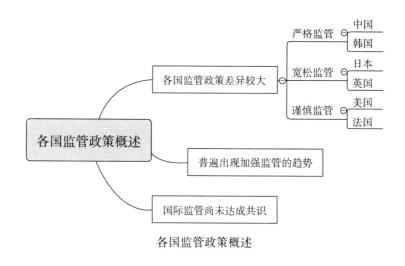

各国监管政策概述

7.2 美国

美国目前尚未形成关于区块链及虚拟货币的统一监管规则，联邦各个监管机构和各个州对于区块链及虚拟货币监管态度不尽相同。

7.2.1 联邦层面

2013 年，美国金融犯罪执法系统（FinCEN）在《就反洗钱监管发布的管理条例》中规定，"虚拟货币是一种在某些情况下扮演货币功能的交换媒介，其操作原理在特定情况下如一般货币，但是其不具备所有货币的职能。"

2014 年，美国国家税收局就比特币的定义发布了政府规定，即比特币作为一种工资或服务费进行支付时，接收方需要缴纳个人所得税。

2015 年 9 月，美国商品期货贸易委员会就比特币定义发表声明称："比特币和其他虚拟货币按照商品交易法规定是商品，遵守商品衍生市场所有参与者普遍适用的规则。"

2017 年 6 月，美国证券交易委员会发布了一份针对 The DAO 事件的调查报告，将被调查的虚拟货币（DAO）定义为"证券"，并认为该虚拟货币应受到美国联邦证券交易法案的规制。该报告对美国虚拟货币的定义具有重要指导意义，且对美国各州进行虚拟货币的定性产生重要影响。在美国，证券类通证和非证券类通证的一个重要判断原则是 Howey Test ⊖。完全符合 Howey Test 四个判断条件的 Token 将被认定为证券。根据美国的《证券法》和《证券交易法》，所有证券的发行和出售必须在美国证监会进行登记注册或者根据注册要求享有豁免资格。

⊖ 1946 年的 SEC v. W.J.Howey Co. 案例以及由此衍生出来的 Howey Test 是判断一个金融工具是否为"投资合同"（Investment Contract）的一个重要标准。根据该标准，一个金融工具若被判定为投资合同则会进而被定义为证券。Howey Test 主要有以下几个判断的条件：金钱投资；共同事业；预期收益；完全来自于他人的努力。

2017年7月19日，美国统一州法全国委员会（ULC）126届年会在圣地亚哥落下帷幕。《虚拟货币商业统一监管法》草案在本次大会上获得通过。《虚拟货币商业统一监管法》的立法目标是建立虚拟货币商业使用的法律框架，规范虚拟货币的商业使用活动。法案的主要内容包括：虚拟货币经营许可制度、国际合作互惠、网络安全、反洗钱等。美国统一州法全国委员会起源于19世纪，其设立的目的在于向各州推荐其拟制的示范法律文本。该组织已经起草、公布了包括《统一商业法》《统一遗嘱法》和《统一合伙法》在内的200多项统一标准法案，供各州选用。此次通过的《虚拟货币商业统一监管法》虽然没有强制的法律效力，但是对美国各州的立法具有重要的参考意义。

7.2.2 州层面

美国各州政府正处于实施虚拟货币和区块链技术的不同阶段，在过去的4年里，美国共经历了两次监管浪潮。第一次浪潮始于2014年，有20多个州通过了虚拟货币相关立法，加州和新墨西哥州等10个州的有关部门针对有关投资虚拟货币行为发出了警告。例如2015年6月，纽约州金融服务局（NYDFS，the New York State Department of Financial Services）发布了虚拟货币许可条例（BitLicense）。纽约州由此成为美国第一个正式推出虚拟货币监管规则的地区。第二次浪潮始于过去两年，大部分美国州政府开始探索在公共和私营部门推行区块链技术的可能性。

2018年4月，美国智库布鲁金斯（Brookings）发布了标题为《关于区块链和美国州政府的初步评估》（Blockchain and US State Governments: An Initial Assessment）的研究报告。该报告根据美国各州对虚拟货币的态度及对其底层区块链技术的接触程度将各州划分为六大类别：未行动类（Unware）、反对类（Reactionary）、赞赏类（Appreciative）、有组织类（Organized）、积极参与类（Active Engagement）和认同创新潜力类（Recognizing Innovation Potential）。

美国各州对于虚拟货币的监管态度

（1）**未行动类**：这类州政府不采取任何监管措施，例如阿肯色州和南达科塔州。但是这里面有些州的私营行业和学术界存在大量与虚拟货币相关的活动。

（2）**反对类**：极端保守的州对虚拟货币采取消极态度或者把虚拟货币标记为具有潜在风险，例如第安纳州、爱荷华州和德克萨斯州。

（3）**赞赏类**：北达科他州属于持"赞赏"态度的州，政府已经启动立法程序，但是还没有出台任何新法。

（4）**有组织类**：像华盛顿和新罕布什尔这样"有组织的"州已经通过了关于虚拟货币生态圈的新法。

（5）**积极参与类**：有七个州是属于"积极参与"这一类，根据布鲁金斯学会的数据，这些州不仅对虚拟货币提出了应用方案，还对区块链的应用做了深入研究。例如佛蒙特州利用区块链存储数据的应用就得到了认可和接受。

（6）**认同创新潜力类**：该类型认为"区块链将在其经济中发挥更广泛的作用"。包括拥有众多 500 强和初创企业的特拉华州，利用分布式账本技术"重新定义政府与公民之间的关系"的伊利诺斯州，以及将区块链签名和智能合约技术纳入法律的亚利桑那州㊀。

7.3 亚洲各国

7.3.1 日本

日本是首批完成虚拟货币合法化的国家之一，对虚拟货币持支持和鼓励的态度。在日本，虚拟货币可以作为一种支付手段在市场中使用和流通。《资金结算法》（2009年法律第59号）是日本关于虚拟货币的主要法规，该法于2016年6月经修改后通过，并于2017年4月1日开始实施。修改后的《资金结算法》中新增"虚拟货币"一章，规定了虚拟货币的定义、虚拟货币交换业者的义务和处罚措施，形成了一套完备的关于虚拟货币的法律制度，其主要内容包括：

（1）**明确了虚拟货币的概念**。根据该法案，"虚拟货币"被定义为通过互联网可以在不特定多数主体之间用于买卖商品或服务的财产性价值，应当具有以下特征：

- 以计算机及其他电子方法进行记录的财产性价值；
- 购买物品、接受服务时可以作为等价物对不特定人使用；
- 可以以不特定人为相对方购入或者卖出；
- 用电子信息处理系统能够转移；
- 不属于日本及国外的货币或者以货币支付的资产。

（2）**明确虚拟货币交换业者实行登记注册制**。法案对"虚拟货币交货业"和"虚拟货币交货业者"进行了定义，规定了虚拟货币交货业者需要遵守对信息采取安全管理措施、委托第三方执行业务时对其进行指导、向用户说明

㊀ 内容摘自《Blockchain and U. S. state governments: An initial assessment》，地址为 https://www.brookings.edu/blog/techtank/2018/04/17/blockchain-and-u-s-state-governments-an-initial-assessment（访问于2018年5月）。

"虚拟货币"与法定货币的区别、对用户财产进行分别管理等义务,并规定了相关的监管措施和法律责任。

(3)加强反洗钱、反恐怖融资方面的联动保护。把"虚拟货币交换业者"列为《犯罪收益移转防止法》上的特定事业者,使其承担该法中规定由特定事业者承担的相应义务㊀。

2017年10月,在ICO活动日益增长的背景下,日本金融厅(FSA)发布ICO风险声明,提及ICO存在价格波动与诈骗的风险,并提示投资者很多项目可能不会兑现承诺。

7.3.2 韩国

韩国是对虚拟货币态度最严格的国家之一。自2017年下半年以来,韩国政府加大了对虚拟货币的监管力度。

2017年9月,韩国的金融监管机构——金融服务委员会(FSC)宣布禁止国内公司和创企参与ICO。FSC表示,ICO这种融资模式将违反资本市场法,并对参与ICO的人员实施严厉处罚。

2017年12月13日,韩国宣布抑制虚拟货币投机的措施,准备立法规范虚拟货币交易所,禁止金融机构持有虚拟货币,即禁止金融机构持有、买入、担保、投资虚拟货币。

2018年1月23日,韩国金融委员会等金融部门发布虚拟货币现场调查结果及防止洗钱准则,并规定当月30日起实施虚拟货币实名交易制,现有虚拟货币账户一律停用。

2018年3月,韩国下发了一份名为《公务员持有和交易虚拟货币相关信

㊀ 参见段磊所写的《如何理解日本法规定虚拟货币为支付手段?》,地址为http://www.sohu.com/a/220916784_465463(访问于2018年5月)。

息准则》的文件，准则中要求韩国政府公职人员不得为了个人利益，也不能因为没有工作相关性，持有和交易虚拟货币。即使其虚拟货币活动与他们的工作无关，公职人员仍然会受到纪律处分。这也是韩国政府首次制定针对所有公职人员的虚拟货币禁令。

7.3.3 新加坡

新加坡的央行——金融管理局（MAS）明确表示，虚拟货币不是法定货币。新加坡金融管理局认为，与美国、日本等国家相比，虚拟货币在新加坡的使用并不普遍，有关虚拟货币的交易主要用于投机性投资，因此，新加坡金融管理局未选择直接监管虚拟货币，但是如果虚拟货币的相关活动属于金融监管范围，新加坡金融管理局将会评估这些活动构成的金融稳定、洗钱、投资者保护以及市场运行等各种风险，并考量采取适当的监管措施，同时避免扼杀创新。鉴于虚拟货币交易的匿名可能导致洗钱和恐怖主义融资风险，新加坡金融管理局正在制定新的支付服务监管框架，以解决这些风险⊖。

7.3.4 印度

2018年4月5日，印度央行（RBI）宣布，其监管的金融机构不得再处理虚拟货币业务。其声明称："鉴于相关风险，受央行监管的机构不得为任何个人或公司的虚拟货币的交易或结算提供相关支持或服务。此决定立即生效。"印度央行还表示，已经提供虚拟货币服务的金融机构要在一定期限内终止服务，具体情况将另行公告。

在上述声明之前，印度政府已经发布了有关虚拟货币交易风险的警告。印度央行称，虚拟货币相关技术创新有望提升金融系统效率和包容性，但同

⊖ 摘自MAS的Reply to Parliamentary Question on the prevalence use of cryptocurrency in Singapore and measures to regulate cryptocurrency and Initial Coin Offerings，地址为http://www.mas.gov.sg/news-and-publications/Parliamentary-Replies/2017/prevalence-use-of-cryptocurrency.aspx（访问于2018年5月）。

时也引发了对消费者保护、市场诚信、洗钱等问题的担忧⊖。

7.3.5 伊朗

2018年4月，伊朗央行以防范洗钱和恐怖分子转移资金为理由，正式禁止所有金融机构从事比特币等虚拟货币交易。针对虚拟货币的禁令适用于伊朗境内"所有货币和金融中心"，包括银行、金融机构和货币兑换点。伊朗央行在其通告函中表示："银行、信贷机构以及货币交易所不得买卖虚拟货币，也不得以任何方式推广虚拟货币。"央行在其通告函中进一步声称，虚拟货币可能用于洗钱、支持恐怖主义和进行非法交易⊜。

7.4 欧洲各国

欧洲央行于2012年10月发布了《虚拟货币架构》(《Virtual Currency Schemes》)报告。该报告对虚拟货币做出了定义，即"虚拟货币是一种不受管制的数字形式的货币，通常由其开发者发行和控制，并在一个特殊的虚拟社区中被接受和使用⊜"。2015年2月，欧洲央行再次发布一篇关于虚拟货币报告——《深入分析虚拟货币架构》，对虚拟货币进行重新定义，"虚拟货币是一种价值的数字表现形式，不是由中央银行、信贷机构或电子货币机构发行的，在某些情况下可以作为货币的替代物⑩。"该报告认为，虚拟立法货币

⊖ 摘自 CNBC 的 India's central bank bans financial firms from dealing with cryptocurrency，地址为 https://www.cnbc.com/2018/04/05/indias-central-bank-bans-financial-firms-from-dealing-with-cryptocurrency.html（访问于2018年5月）。

⊜ 摘自新浪财经的《又一央行禁止提供加密货币交易服务 国家队依然谨慎》，地址为 http://finance.sina.com.cn/blockchain/Coin/2018-04-24/doc-ifzqvvsa3154805.shtml（访问于2018年5月）。

⊜ 摘自 European Central Bank 的《Virtual Currency Schemes》，地址为 https://www.ecb.europa.eu/pub/pdf/other/virtualcurrencyschemes201210en.pdf，第13页（访问于2018年5月）。

⑩ 摘自 European Central Bank 的《Virtual Currency Schemes--a further analysis》地址为 https://www.ecb.europa.eu/pub/pdf/other/virtualcurrencyschemesen.pdf 第25页（访问于2018年5月）。

可能对传统支付领域产生影响,并从央行角度对虚拟货币架构进行审视,提示虚拟货币存在的风险,并对未来虚拟货币的立法和监管方向进行了讨论。

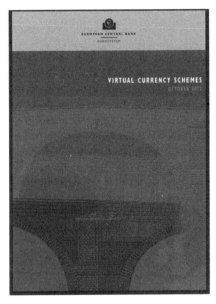

欧洲央行 2012 年 10 月发布的《虚拟货币架构》报告

目前,欧洲及欧盟层面尚未形成统一的区块链及虚拟货币监管规则,但是欧盟相关机构已在密切关注包括虚拟货币在内的区块链技术及应用的发展。其中,欧盟委员会已在审查对虚拟货币的监管框架。负责协调各成员国之间标准的欧洲证券和市场管理局(ESMA)已经对散户投资者提出了虚拟货币衍生品的限制,并且还在评估欧盟新的 MiFIDII 规则应如何应用于数字资产这一领域。

2018 年 4 月,欧洲议会(EP)批准通过了一项法案,要求对比特币等虚拟货币进行更严格的监管,以防止其被用于洗钱和恐怖主义融资。该议案被称为"5AMLD",是欧盟反洗钱指令的第五次更新。立法变化体现在以下五点:虚拟货币交易实体必须进行注册,并且必须执行包括客户验证在内的调查程序；预付卡持有人门槛从 250 欧元降至 150 欧元；评估非欧盟国家是否会增加洗钱风险并对涉及高风险国家国民交易执行更严格的审查（包括制裁的可能性）；保护举报洗钱的举报人（包括匿名权）；该协议可延伸至所有税务咨询服务，包括代理商、艺术品经销商、电子钱包提供商以及虚拟货币兑换服务提供商。

7.4.1 英国

英国一直对区块链和虚拟货币持友好、积极的态度。2016 年 1 月 19 日，英国政府办公室发布了《分布式账本技术：超越区块链》白皮书，强调分布式账本技术可以实现完全透明的信息更新与共享，减少欺诈、腐败，降低错误率和用纸成本，提升效率，并重新定义政府与公民在数据共享、透明性和信任方面的关系；同时积极评估区块链技术的潜力，考虑用其来减少金融欺诈，降低成本，并可以重新定义政府与公民在数据共享、透明性和信任方面的关系。2017 年 12 月，英国财政部表示计划在 2018 年底出台有关比特币和其他虚拟货币的法规，内容或将包括反洗钱、禁止匿名等内容。2018 年 3 月 22 日，英国财政部宣布，将成立一个由英国央行、财政部和金融行为监管局（FCA）共同参与的虚拟货币工作组。

作为英国的金融监管部门，英国金融市场行为监管局（FCA）对区块链技术保持总体上积极的态度，并曾在 2016 年表示由于 FCA 认为区块链需要"空间"来实现增长，所以该机构不打算对区块链行业进行监管。2017 年 9 月 12 日，FCA 针对 ICO 和虚拟货币风险发布警告。FCA 表示，ICO 是高风险、投机性强的投资活动。若 ICO 落入 FCA 的监管范围，将具体情况具体分析。同时，FCA 提示投资者，目前许多 ICO 都在监管范围之外，如果怀疑某 ICO 项目是骗局，可向 FCA 进行汇报。2018 年 4 月 6 日，FCA 在其网站发布的一份声明中表示，尽管 FCA 没有出于监管目的而将虚拟货币视为货币或商品，但虚拟货币衍生品可能会被视为金融工具。该项声明表示，与虚拟货币

衍生品有关的活动属于 FCA 的监管范围，必须遵守 FCA 手册及欧盟的相关规定。○

7.4.2 德国

德国对于虚拟货币持较为友好的态度，早在 2013 年 8 月 19 日，德国财政部在国会一份答复中称认定比特币为"账户单位"（Unit of Account），可以用于该国的税收和交易目的，这意味着德国官方正式承认比特币的合法化。

2016 年 8 月，德国金融部正式认可比特币成为一种"货币单位"和"私有资产"，这就意味着与比特币相关的商业活动盈利将被征收税款。

2017 年 11 月，德国联邦金融监管局（BaFin）对 ICO 发出风险警告声明，提示投资者应该警惕 ICO 中存在风险，包括"投资彻底失败的可能性"。

2018 年 2 月，BaFin 再次针对 ICO 发表声明，要求 ICO 参与者需要参考传统金融监管规定，并且遵守当前金融法规要求。其中，发行 Token 的企业必须要遵守《银行法》《资本投资法》《保险监督法》以及《支付服务监督法》的规定。如果不符合相关监管要求，Bainf 将会禁止 ICO 项目和交易实施。另外，Bafin 还表示针对可能构成行政违法的 ICO 融资行为，会采取罚款等处罚措施○。

2018 年 3 月，德国财政部下发文件，表示根据 2015 年欧盟法院对增值税（VAT）的裁决，在征税时，只要比特币充当支付方式的角色，就会将比特币视为与法币同等的概念。

○ 摘自 FAC 的 FCA statement on the requirement for firms offering cryptocurrency derivatives to be authorised，地址为 https://www.fca.org.uk/news/statements/cryptocurrency-derivatives （访问于 2018 年 5 月）。

○ 摘自 BaFin 的《Initial Coin Offerings: BaFin veröffentlicht Hinweisschreiben zur Einordnung als Finanzinstrumente》，地址为 https://www.bafin.de/SharedDocs/Veroeffentlichungen/DE/Meldung/2018/meldung_180213_ICOs_Hinweisschreiben.html （访问于 2018 年 5 月）。

7.4.3 法国

法国对于虚拟货币一向持较为谨慎的态度，早在 2013 年 12 月，法国央行（Banque de France）曾就比特币相关的风险发出了警告。法国央行认为，虚拟货币不受监管，没有担保，不具有法偿性，一旦与真实货币进行兑换或成为支付手段，将造成金融风险，给全球反洗钱斗争带来新困难。

2018 年 2 月，法国证券交易委员会（AMF）宣布禁止对虚拟货币衍生品打广告及分销。该监管部门近日还向提供这类产品的差价合约经纪商发布了严厉警告。据 AMF 的要求，经纪商要提供合法的虚拟货币衍生品必须遵从一系列条例。公司必须在供应这类合约前向监管部门提请审批，并且经纪商被严格禁止对虚拟货币衍生品进行广告宣传㊀。

2018 年 3 月，AMF 发布了一份涉嫌非法向法国居民提供虚拟货币或相关虚拟资产投资建议的黑名单网站列表，其中包括 15 家网站地址。AMF 提醒公众，虚拟货币属于 Sapin II 法律监管范围，所有被列入黑名单的网站没有履行法律义务或是忽视了监管要求。

2018 年 3 月，法国央行发布了一份报告，提出直到适当的法规制定完成前禁止保险公司、银行和信托公司参与加密资产相关的存储和贷款业务。此外，还建议禁止向公众推广所有"加密资产"储蓄产品。值得注意的是，该报告的建议是对虚拟货币实行严格的监管条例，称虚拟货币不构成金钱，虚拟货币不是法币。更是将虚拟货币加上了"网络攻击、洗钱及恐怖主义融资渠道"的标签。在监管框架方面，该报告认为目前的优先任务是，建立反洗钱（AML）和打击恐怖主义融资（CFT）措施㊁。

㊀ 摘自新浪财经的《法国也出手！AMF 颁布加密货币广告禁令并警告经纪商》，http://finance.sina.com.cn/stock/usstock/c/2018-02-22/doc-ifyrswmv0028355.shtml，（访问于 2018 年 5 月）。

㊁ 摘自李秀琴的《区块链洪流之下，各国监管机构立场不一，你站谁？| G20 峰会》地址为 https://www.leiphone.com/news/201803/CfBYQFOQaPsN1Y7D.html（访问于 2018 年 5 月）。

7.4.4 俄罗斯

很长一段时间，俄罗斯对虚拟货币严格监管，但是近期的一些举动显示，俄罗斯对于虚拟货币的态度也在不断发生扭转。目前，俄罗斯对于虚拟货币总体上持较为谨慎的态度。

俄罗斯在 2014 年底由多个部门发布了禁止比特币的政府文件，其主要担忧是比特币的使用可能引发俄罗斯资本外逃问题的进一步恶化。2015 年初，俄罗斯关闭了境内的比特币网站并发出风险警告[⊖]。

2016 年 12 月，俄罗斯就比特币的法律地位及税务申报发布政府文件。文件中，比特币被定位为外币，比特币及非官方的虚拟货币的交易操作也视作外币交易，除非用国外的银行账户从事比特币交易，否则公民或企业不需要进行财务申报[⊖]。

2017 年 9 月，俄罗斯央行发布新的声明，呼吁警惕虚拟货币和 ICO 风险，提出央行目前不会批准任何与区块链和虚拟货币有关的活动，包括衍生品交易。

2018 年 3 月，据媒体报道，俄罗斯银行与财政部目前就管理虚拟货币相关交易的法律草案的内容管辖权分歧已经得到解决，草案要求国内 ICO 募资额度不得超过 10 亿卢布（约合 1.1 亿元），参与 ICO 的普通投资者投资额度不能超过 5 万卢布（约合 5470 元），而专业投资者投资不受限。

7.5 本章小结

各国政府对于区块链及虚拟货币的监管政策尚处于摸索阶段，总体而言，

⊖ 摘自搜狐财经的《看不懂各国区块链政策监管的背后含义？一文带你全面解读》，地址为 https://www.sohu.com/a/226243818_99990853，（访问于 2018 年 5 月）。
⊖ 摘自李爱君的《虚拟货币和 ICO 法律分析》，地址为 http://opinion.caixin.com/2017-11-06/101166121.html，（访问于 2018 年 5 月）。

各国的监管政策呈现出三大特点：一是各国监管政策差异较大，根据监管政策的不同，各国可以分为严格监管、宽松监管和谨慎监管三大阵营；二是普遍出现加强监管的趋势；三是国际监管尚未达成共识。

作为谨慎监管阵营代表的美国，目前尚未形成统一监管规则。联邦多个监管机构发布了有关区块链及虚拟货币的报告或声明，其中美国证券交易委员会将虚拟货币（DAO）定义为"证券"，明确了证券类通证必须受到美国证券法的约束，对整个虚拟货币市场产生了重要影响。在州层面，美国各州政府处于实施虚拟货币和区块链技术的不同阶段，各州的监管政策差异较大。

在亚洲各国中，日本作为宽松监管阵营的代表，对于虚拟货币持支持和鼓励态度，其2016年6月修改通过的《资金结算法》中新增"虚拟货币"一章，形成了一套完备的关于虚拟货币的法律制度，可以为我国的虚拟货币立法提供重要参考。韩国是严格监管阵营的代表，自2017年下半年以来，韩国采取了全面禁止ICO、禁止金融机构持有虚拟货币、实施虚拟货币实名交易制等措施，不断加大对虚拟货币的监管力度。新加坡则认为，虚拟货币在新加坡以投机性投资为主，新加坡暂未选择对虚拟货币进行直接监管。而伊朗、印度对于虚拟货币采取了严格的监管态度。

目前，欧盟层面尚未形成统一的区块链及虚拟货币监管规则，但是欧盟相关机构已在密切关注包括虚拟货币在内的区块链技术及应用的发展。在欧洲国家中，英国一直对区块链和虚拟货币持友好、积极的态度，英国政府办公室于2016年1月19日发布的《分布式账本技术：超越区块链》白皮书对区块链技术予以积极的评价，英国金融市场行为监管局没有出于监管目的将虚拟货币视为货币或商品，总体对于区块链技术保持较为宽松监管的态度，曾就ICO和虚拟货币发布风险提示。德国是较早承认比特币合法化的国家，德国联邦金融监管局曾多次对ICO发出风险警告声明，向投资者提示风险，要求ICO参与者需要参考传统金融监管规定。法国对于虚拟货币一向持较为谨慎的态度，法国央行曾就比特币相关的风险发出了警告，建议对虚拟货币实行严格的监管条例；法国证券交易委员会宣布禁止对虚拟货币衍生品打广告及分销，提醒公众虚拟货币属于法律监管范围。俄罗斯目前对于虚拟货币总体上持较为谨慎的态度，从 2014 年开始，俄罗斯发布禁止比特币的官方文件，关闭了境内的比特币网站，俄罗斯央行于 2017 年呼吁警惕虚拟货币和 ICO 风险，提出央行暂不会批准区块链和虚拟货币相关活动。

下一章将对中国的区块链监管现状进行介绍，并将对中国未来的监管走向进行展望。

第8章
中国区块链监管现状与展望

8.1 监管政策

我国政府对于虚拟货币和区块链技术采取了截然不同的态度。一方面,我国政府对于比特币等虚拟货币一直持谨慎的态度,采取了整治的政策;另一方面,我国政府对于区块链技术持鼓励和支持的态度,多个政府部门及多个地区出台了有关鼓励区块链发展的政策指导意见或通知文件。

8.1.1 虚拟货币的监管政策

目前,我国政府尚未正式出台关于虚拟货币的法律法规,监管政策多以通知或公告的形式发布,其中最主要的两个文件是中国人民银行等五部委于2013年12月5日联合发布的《关于防范比特币风险的通知》和中国人民银行等七部委于2017年9月4日联合发布的《关于防范代币发行融资风险的公告》。有关虚拟货币的监管政策分为五大方面的内容，具体如下。

1. 明确虚拟货币的属性

《关于防范比特币风险的通知》明确指出，比特币不是由货币当局发行，不具有法偿性与强制性等货币属性，不是真正意义的货币。从性质上看，比特币是一种特定的虚拟商品，不具有与货币等同的法律地位，不能也不应作为货币在市场上流通使用。《关于防范代币发行融资风险的公告》进一步强调，代币发行融资中使用的代币或"虚拟货币"不由货币当局发行，不具有法偿性与强制性等货币属性，不具有与货币等同的法律地位，不能也不应作为货币在市场上流通使用。

2. 禁止开展 ICO 活动

2017 年 9 月 2 日，互联网金融风险专项整治工作领导小组办公室发布《关于对代币发行融资开展清理整顿工作的通知》，具体内容有三点：第一，要求立即开展辖区内代币发行融资活动摸排工作，停止一切 ICO 项目；第二，要求平台上报融资主体、高管人员、融资金额、融资时间等情况，各地金融办需详细掌握融资交易平台及融资主体的具体情况；第三，在国家整治办提供的代币发行平台名单基础上，进一步摸排辖区的代币发行平台，在整顿代币发行平台的同时，保护投资者利益，预防群体性事件发生。

2017 年 9 月 4 日，《关于防范代币发行融资风险的公告》明确指出 ICO 的本质是未经批准非法公开融资的行为。该公告指出，代币发行融资是指融资主体通过代币的违规发售、流通，向投资者筹集比特币、以太币等所谓"虚拟货币"，本质上是一种未经批准的非法公开融资的行为，涉嫌非法发售代币票券、非法发行证券以及非法集资、金融诈骗、传销等违法犯罪活动。《关于防范代币发行融资风险的公告》要求任何组织和个人不得非法从事代币发行融资活动。公告指出，自公告发布之日起，各类代币发行融资活动应当立即停止。已完成代币发行融资的组织和个人应当做出清退等安排，合理保护投资者权益，妥善处置风险。公告还指出，有关部门将依法严肃查处拒不停止的代币发行融资活动以及已完成的代币发行融资项目中的违法违规行为。

3. 清退虚拟货币交易所

《关于防范代币发行融资风险的公告》要求所有代币交易平台不得从事代币兑换业务。公告指出，自公告发布之日起，任何所谓的代币融资交易平台不得从事法定货币与代币、"虚拟货币"相互之间的兑换业务，不得买卖或作为中央对手方买卖代币或"虚拟货币"，不得为代币或"虚拟货币"提供定价、信息中介等服务。公告还指出，对于存在违法违规问题的代币融资交易平台，金融管理部门将提请电信主管部门依法关闭其网站平台及移动 APP，提请网信部门对移动 APP 在应用商店做下架处置，并提请工商管理部门依法吊销其营业执照。

4. 禁止金融机构和支付机构开展虚拟货币相关业务

2013 年 11 月，《关于防范比特币风险的通知》要求，金融机构和支付机构不得以比特币为产品或服务定价，不得买卖或作为中央对手买卖比特币，不得承保与比特币相关的保险业务或将比特币纳入保险责任范围，不得直接或间接为客户提供其他与比特币相关的服务，包括：为客户提供比特币登记、交易、清算、结算等服务；接受比特币或以比特币作为支付结算工具；开展比特币与人民币及外币的兑换服务；开展比特币的储存、托管、抵押等业务；发行与比特币相关的金融产品；将比特币作为信托、基金等投资的投资标的物等。

2014 年 3 月，中国人民银行再次下发《关于进一步加强比特币风险防范工作的通知》，要求各银行和第三方支付机构在 4 月 15 日前关闭境内所有比特币平台的所有交易账户，禁止国内银行和第三方支付机构代替比特币交易平台提供开户、充值、支付、提现等服务。

2017 年 9 月，《关于防范代币发行融资风险的公告》要求各金融机构和非银行支付机构不得开展与代币发行融资交易相关的业务，公告指出，各金融机构和非银行支付机构不得直接或间接为代币发行融资和"虚拟货币"提供账户开立、登记、交易、清算、结算等产品或服务，不得承保与代币和"虚拟货币"相关的保险业务或将代币和"虚拟货币"纳入保险责任范围。公告还指出，金融机构和非银行支付机构发现代币发行融资交易违法违规线索的，应当及时向有关部门报告。

2018 年 1 月 17 日，中国人民银行营业管理部发布《关于开展为非法虚拟货币交易提供支付服务自查整改工作的通知》，要求辖内各法人支付机构自文件发布之日起在本单位及分支机构开展自查整改工作，严禁为虚拟货币交易提供服务，并采取有效措施防止支付通道用于虚拟货币交易。各单位应于 1 月 20 日将自查情况、已采取措施等上报营业管理部。通知还要求，各单位应加强日常交易监测，避免出现群体性事件。

5. 加强反洗钱风险防范，向社会公众提示风险

2013 年 11 月，《关于防范比特币风险的通知》要求相关单位应加强比特币洗钱风险的防范。一是要求中国人民银行各分支机构密切关注比特币及其他类似的具有匿名、跨境流通便利等特征的虚拟商品的动向及态势，认真研判洗钱风险，研究制定有针对性的防范措施。各分支机构应当将在辖区内依法设立并提供比特币登记、交易等服务的机构纳入反洗钱监管范围内，督促其加强反洗钱监测。二是要求提供比特币登记、交易等服务的互联网站，应当切实履行反洗钱义务，对用户身份进行识别，要求用户使用实名注册，登记姓名、身份证号码等信息。三是各金融机构、支付机构以及提供比特币登记、交易等服务的互联网站如发现与比特币及其他虚拟商品相关的可疑交易，应立即向中国反洗钱监测分析中心报告，并配合中国人民银行的反洗钱调查活动；对于发现使用比特币进行诈骗、赌博、洗钱等犯罪活动线索的，应及时向公安机关报案。《关于防范比特币风险的通知》还要求加强对社会公众货币知识的教育及投资风险提示，要求将正确认识货币、正确看待虚拟商品和虚拟货币、理性投资、合理控制投资风险、维护自身财产安全等观念纳入金融知识普及活动的内容，引导社会公众树立正确的货币观念和投资理念。

2017年8月30日，中国互联网金融协会发布《关于防范各类以ICO名义吸收投资相关风险的提示》，指出国内外部分机构采用各类误导性宣传手段，以ICO名义从事融资活动，相关金融活动未取得任何许可，其中涉嫌诈骗、非法证券、非法集资等行为。

2017年9月，《关于防范代币发行融资风险的公告》提醒社会公众应当高度警惕代币发行融资与交易的风险隐患。公告指出，代币发行融资与交易存在多重风险，包括虚假资产风险、经营失败风险、投资炒作风险等，投资者须自行承担投资风险，希望广大投资者谨防上当受骗。公告还指出，对各类使用"币"的名称开展的非法金融活动，社会公众应当强化风险防范意识和识别能力，及时举报相关违法违规线索。

2018年1月23日，中国互联网金融协会发布《关于防范境外ICO与"虚拟货币"交易风险的提示》，警惕投资者尤其要防范境外ICO机构由于缺乏规范，存在系统安全、市场操纵和洗钱等风险，同时也指出，为"虚拟货币"交易提供支付等服务的行为均面临政策风险，投资者应主动强化风险意识，保持理性。

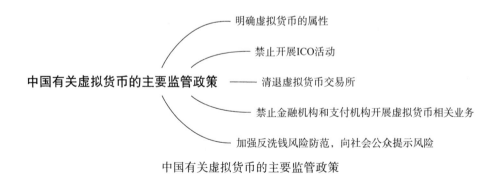

中国有关虚拟货币的主要监管政策

8.1.2 国家层面的区块链政策

中国政府高度重视区块链技术的发展，鼓励和支持区块链技术的发展。在国家层面，中国尚未形成关于区块链技术的统一监管规则。但自 2016 年以后，区块链多次被写入国务院及各部委的文件中。近年来，国务院及各部委涉及区块链的文件主要如下：

- 2016 年 10 月，工业和信息化部发布《中国区块链技术和应用发展白皮书（2016）》，总结了国内外区块链的发展现状和典型应用场景，介绍了中国区块链技术的发展路线图以及未来区块链技术的标准化方向和进程。

- 2016 年 12 月，国务院印发了《"十三五"国家信息化规划》，"区块链"首次被作为战略性前沿技术写入国家信息化规划之中。

- 2017 年 1 月，工信部发布《软件和信息技术服务业发展规划（2016—2020 年）》，提出区块链等领域创新达到国际先进水平等要求。

- 2017 年 6 月 27 日，中国人民银行下发了《中国金融业务信息技术"十三五"发展规划》的通知，指出了要加强区块链基础技术研究，开展区块链技术在金融领域的应用研究，同时明确提出积极推进区块链、人工智能等新技术应用研究，并组织进行国家数字货币的试点。

- 2017 年 7 月，国务院发布《关于印发新一代人工智能发展规划的通知》，提出要"促进区块链技术与人工智能的融合，建立新型社会信用体系，最大限度降低人际交往成本和风险"。

- 2017 年 8 月，国务院发布《关于进一步扩大和升级信息消费持续释放内需潜力的指导意见》，提出要提高信息消费供给水平，提升信息技术服务能力，"鼓励利用开源代码开发个性化软件，开展基于区块链、人工智能等新技术的试点应用"。

- 2017 年 10 月，国务院发布《关于积极推进供应链创新与应用的指导意见》，提出要加强供应链信用和监管服务体系建设，"研究利用区块链、人工智能等新兴技术，建立基于供应链的信用评价机制"。

- 2017年11月，国务院发布《关于深化"互联网＋先进制造业"发展工业互联网的指导意见》，提出要"促进边缘计算、人工智能、增强现实、虚拟现实、区块链等新兴前沿技术在工业互联网中的应用研究与探索"。

- 2017年1月，国务院办公厅发布《关于创新管理优化服务培育壮大经济发展新动能加快新旧动能接续转换的意见》，提出要完善智力要素集聚流动机制，"创新体制机制，突破院所和学科管理限制，在人工智能、区块链、能源互联网、智能制造、大数据应用、基因工程、数字创意等交叉融合领域，构建若干产业创新中心和创新网络"。

- 2018年3月，工信部发布《2018年信息化和软件服务业标准化工作要点》，提出推动组建全国信息化和工业化融合管理标准化技术委员会、全国区块链和分布式记账技术标准化委员会。

- 2018年5月，工信部信息中心正式发布《2018年中国区块链产业发展白皮书》，深入分析我国区块链技术在金融领域和实体经济的应用落地情况，系统阐述中国区块链产业发展的六大特点和六大趋势，并对我国区块链产业趋势进行了展望：一是区块链成为全球技术发展的前沿阵地，开辟国际竞争新赛道；二是区块链领域成为创新创业的新热土，技术融合将拓展应用新空间；三是区块链未来三年将在实体经济中广泛落地，成为数字中国建设的重要支撑；四是区块链打造新型平台经济，开启共享经济新时代；五是区块链加速"可信数字化"进程，带动金融"脱虚向实"服务实体经济；六是区块链监管和标准体系将进一步完善，产业发展基础继续夯实。

8.1.3 地方政府层面的区块链政策

据不完全统计，国内共有贵州、浙江、江苏、广东、山东、福建、江西、内蒙古、重庆、四川、新疆等十余个省、直辖市、自治区就区块链发布了指导意见，多个省份甚至将区块链列入本省的"十三五"战略发展规划之中。各个省市的区块链政策和具体措施大同小异：建立产业园、创新基地等平台吸引企业和人才，设立奖励措施对区块链企业给予资金补贴或税收减免，成立区块链研究中心促进产学研相结合。但一旦落到区块链实地的应用场景，相关引导政策仍处于空白状态⊖。各地已发布的具有典型意义的政策文件如下：

- 2016年12月31日，贵州省贵阳市人民政府新闻办公室正式发布《贵阳区块链发展和应用》白皮书，开创性地提出"主权区块链""绳网结构"理论等，公布了贵阳发展区块链的"顶层设计"。该文件从数据层、网络层、共识层、激励层、合约层和应用层对主权区块链的技术架构做出说明，通过构建"一核、四区、多中心"的空间布局与不同阶段应用路径和推进方案，对贵阳发展区块链的路线图做出总体规划。
- 2017年5月9日，浙江省杭州市西湖区人民政府金融工作办公室发布《关于打造西湖谷区区块链产业的政策意见（试行）》，入驻并注册在西溪谷区块链产业园区的区块链技术及应用企业（机构）、区块链技术研究机构、区块链产业基金项目、区块链行业联盟（联合会）可以享受房租补助、税收优惠、科技成果奖励以及人才扶持政策。
- 2017年5月28日，贵州省贵阳高新区发布《贵阳国家高新区促进区块链技术创新及应用示范十条政策措施》，主要包括了对区块链技术创新主体的支持，对区块链技术创新及应用示范的支持，对区块链技术创新人才的保障，对区块链技术创新主体提供金融服务和资本保障四个层面的内容，明确了入驻支持、运营补贴、贡献奖励、创新支持、成果奖励、人才扶持、培训补贴、融资补贴、风险补偿和上市奖励等十条政策措施。

⊖ 摘自韦柳坤所写的《二三线城市为争区块链之都下血本，但破局之策却是……》，地址为 http://capital.people.com.cn/n1/2018/0507/c417685-29967991.html（访问于2018年5月）。

- 2017 年 6 月 9 日，贵州省贵阳市人民政府办公厅印发了《关于支持区块链发展和应用的若干政策措施（试行）》，从主体支持、平台支持、创新支持、金融支持、人才支持等方面制定政策措施落实区块链发展和应用，鼓励区块链相关企业或机构进行区块链应用创新，并给予重点倾斜支持及现金补助奖励。

- 2017 年 7 月 11 日，山东省青岛市市北区发布了《关于加快区块链产业发展的意见（试行）》，提出加快区块链在政府管理、跨境贸易、大健康产业等十大应用场景的开发落地。该文件还提出，力争到 2020 年，努力建设立足青岛、面向全国的区块链产业高地、区块链 + 创新应用基地——"链湾"。

- 2017 年 11 月 2 日，重庆市经济和信息化委员会发布《关于加快区块链产业培育及创新应用的意见》，提出重庆市区块链产业发展的总体思路、目标任务。到 2020 年，重庆将力争打造 2～5 个区块链产业基地，引进和培育区块链国内细分领域龙头企业 10 家以上、有核心技术或成长型的区块链企业 50 家以上，引进和培育区块链中高级人才 500 名以上，初步形成国内重要的区块链产业高地和创新应用基地。

- 2017 年 12 月 22 日，广州市黄埔区、广州开发区出台《广州市黄埔区广州开发区促进区块链产业发展办法》，整个政策共 10 条，核心条款包括 7 个方面，涵盖成长奖励、平台奖励、应用奖励、技术奖励、金融支持、活动补贴等，针对区块链产业的培育、成长、应用以及技术、平台、金融等多个环节给予重点扶持。

8.2 司法案例

随着区块链技术的发展，比特币、矿机等区块链相关的新名词出现在了法院的判决书之中。近年来，中国法院审理了包括盗窃虚拟货币案、虚拟货币传销案、诈骗虚拟货币洗钱案、敲诈勒索案、盗窃电力挖矿案、虚拟货币交易合同纠纷案在内的多种类型的刑事和民事案件，形成了一系列具有指导意义的判决。

8.2.1 盗窃虚拟货币案

中国司法界对于盗窃虚拟财产的行为如何定性一直存在争议，早在 2013 年最高人民法院、最高人民检察院在起草《关于办理盗窃刑事案件适用法律若干问题的解释》时，就有意见提出，对盗窃游戏币等虚拟财产的，应当明确以盗窃罪定罪处罚，但是没有被最终采纳。

根据最高人民法院胡云腾、周加海、周海洋等人的观点，对于盗窃虚拟财产的行为，如确需刑法规制，可以按照非法获取计算机信息系统数据等计算机犯罪定罪处罚，不应按盗窃罪处理。主要考虑：其一，虚拟财产与金钱财物等有形财产、电力燃气等无形财产存在明显差别，将其解释为盗窃罪的犯罪对象公私财物，超出了司法解释的权限；其二，虚拟财产的法律属性是计算机信息系统数据，对于非法获取计算机信息系统数据的行为当然可以适用非法获取计算机信息系统罪定罪量刑；其三，对盗窃网络虚拟财产的行为适用盗窃罪会带来一系列棘手问题，特别是盗窃数额的认定，目前缺乏能够被普遍接受的计算方式，而《最高人民法院、最高人民检察院关于办理危害计算机信息系统安全刑事案件应用法律若干问题的解释》对非法获取计算机信息系统数据罪明确了具体定罪量刑标准，适用该罪名可以罚当其罪，实现罪责刑相适应；其四，从境外刑事立法和司法来看，鲜有将盗窃网络虚拟财产的行为以盗窃罪论处[⊖]。

近年来，中国法院审理了多起虚拟货币盗窃案件，从判决的结果来看，各地法院存在不同的认定，有法院认为盗窃虚拟货币的行为构成"非法获取计算机信息系统数据罪"，也有法院认为盗窃虚拟货币的行为构成"盗窃罪"。

⊖ 摘自胡云腾、周加海、周海洋所写的《〈关于办理盗窃刑事案件适用法律若干问题的解释〉的理解与适用》，载于《人民司法》2014 第 15 期。

1. 陈某盗窃案

2014年1月1日，陈某通过网络登录汪某的北京火币天下网络技术有限公司网站，修改汪某在该网站注册登记的联系电话、地址、绑定账户等信息后，多次卖出汪某账户内的比特币。次日，被告人陈某将销售款中的人民币6500元提现，扣除网站手续费人民币32.5元，将剩余钱款人民币6467.5元转账至其本人的建设银行卡内。上海市普陀区人民法院经审理后认为，陈某以非法占有为目的，秘密窃取被害人网上钱款人民币6500元，数额较大，其行为已构成盗窃罪。

上海市普陀区人民法院于2015年5月20日做出（2014）普刑初字第1162号刑事判决：被告人陈某犯盗窃罪，判处有期徒刑八个月，并处罚金人民币一千元。

2. 陈某非法获取计算机信息系统数据案

2014年3月3日2时许，陈某通过非法网站查询到吴某在796交易所网站的账户密码，登录吴某个人账户，将账户内约1.64个比特币兑换成899.10美元（约合人民币5501.59元），后将899.10美元转入自己的796交易所账户用于投资经营虚拟货币。江苏省金湖县人民法院经审理后认为，被告人陈某违反国家规定，侵入他人计算机信息系统，获取该计算机系统中存储的数据，情节严重，其行为已构成非法获取计算机信息系统数据罪。

江苏省金湖县人民法院于2015年6月2日做出（2015）金刑初字第00090号刑事判决：被告人陈某犯非法获取计算机信息系统数据罪，判处罚金人民币一万元。

3. 武某盗窃案

2016年2月22日，金某上网时，其电脑桌面上的五个比特币账号及密码被和其远程链接的武某截屏窃取，武某利用该五个账号及密码，盗走金某账户中的比特币 70.9578 枚。经鉴定，上述比特币价值人民币 205 607.81 元。浙江省天台县人民法院认为，被告人武某以非法占有为目的，秘密窃取他人财物，价值数额巨大，其行为已构成盗窃罪。

浙江省天台县人民法院于 2016 年 9 月 23 日做出（2016）浙 1023 刑初 384 号刑事判决：被告人武某犯盗窃罪，判处有期徒刑六年，并处罚金人民币八万元。

被告人武某不服，向浙江省台州市中级人民法院提出上诉。浙江省台州市中级人民法院经审理后认为，被害人金某付出代价后得到比特币，不仅是一种特定的虚拟商品，也代表被害人在现实生活中实际享有的财产，应当受刑法保护，因此被告人武某通过互联网窃取了被害人金某的比特币后，再将其售出所得款项（计人民币 20 余万元）转移到其个人的银行账户，其行为已构成盗窃罪。

浙江省天台县人民法院于 2016 年 12 月 28 日做出（2016）浙 10 刑终 1043 号刑事裁定：驳回上诉，维持原判。

4. 唐某非法获取计算机信息系统数据案

2016 年 7 月 9 日，唐某利用自己从"雷达币事业共赢 4 群"中获取的信息，推测出张某的 9 个雷达币账户名和密码，后通过计算机登录张某的雷达币账户，将张某雷达币账户中的雷达币转入自己的雷达币账户中。唐某将获取的雷达币在雷达币网站上进行销售，获利人民币约 600 000 元。随后，唐某通过雷达币网站进行提现，最终成功提取人民币 318 000 元至自己的农行卡中。南京市溧水区人民法院经审理后认为，被告人唐某利用其掌握的他人"雷达币"账号、密码，非法侵入他人计算机信息系统，窃取他人的"雷达币"并出售，实际获利人民币 310 000 元，情节特别严重，其行为已构成非法获取计算机信息系统数据罪。

南京市溧水区人民法院于 2017 年 9 月 11 日做出（2017）苏 0117 刑初 277 号刑事判决：被告人唐某犯非法获取计算机信息系统数据罪，判处有期徒刑三年六个月，并处罚金人民币三万元。

8.2.2 虚拟货币传销、诈骗案件

近年来，利用虚拟货币、区块链技术的名义进行诈骗、传销等违法犯罪活动持续高发。据第一财经不完全统计，从 2016 年至 2018 年初，裁判文书网所公示的以虚拟货币为幌子的传销诈骗案件多达 180 余件，涉案总金额高达上千亿元人民币，其中 90% 属于利用虚拟货币进行层级推销的传销案件，上百名涉案人员以组织或领导传销活动罪被法院依法追究刑事责任[一]。另外，还有部分案件以出售虚拟货币、挖矿机为名实施诈骗。

1. 庞某诈骗案

2014 年 1 月至 2 月期间，庞某利用其在阿里巴巴购物网站和淘宝网开设的网店，打着销售"比特币挖矿机"的幌子，以需要垫资为借口，诱骗买家拍下货物后先行向支付宝付款，在未收到货的情况下确认收货，采取不发货的方式进行诈骗。庞某先后诈骗曾某、杨某、王某、朱某现金共计 54 200 元，在被害人发现被骗要求退款的情况下，返回被害人杨某、王某、朱某现金共计 5300 元，实际骗得四位被害人现金 48 900 元。四川省旺苍县人民法院经审理认为，被告人庞某以非法占有为目的，诈骗他人人民币 54 200 元，数额巨大，其行为已构成诈骗罪。

四川省旺苍县人民法院于 2014 年 9 月 26 日做出（2017）浙 0602 刑初 633-2 号刑事判决：被告人庞某犯诈骗罪，判处有期徒刑三年，宣告缓刑四年，并处罚金人民币 20 000 元。

一 摘自第一财经的《虚拟货币传销诈骗花样繁多，一年涉案上千亿》，地址为 http://www.yicai.com/news/5394247.html（2018 年 5 月访问）。

2. 马克币网络传销案

2015年7月份，席某加入挪威马克币传销组织，并将该传销组织引入中国，并在上海成立高某、黄某等人为主的马克币传销团队，该团队分工明确，在全国范围内宣传、推动马克币投资，宣传以缴纳150欧元至25000欧元不等的金额购买虚拟马克币筹码就能够参与分红、升值为诱饵发展会员，并以发展会员的数量、会员投资金额作为计算返利依据，引诱参加者继续介绍和发展下线形成层级。据媒体报道，利用这种传销手法，马克币迅速在国内发展了58万会员账号，涉案金额达数亿元。湖南省株洲县人民法院经审理后认为，被告人席某以提供服务等经营活动为名，要求参加者以缴纳费用获得加入资格，并按照一定顺序组成层级，以发展人员的数量作为返利依据，骗取财物，扰乱经济社会秩序，其行为已构成组织、领导传销活动罪。

江苏省沛县人民法院于2017年4月5日做出（2017）苏0322刑初57号刑事判决：被告人席某犯组织、领导传销活动罪，判处有期徒刑四年，并处罚金人民币二十万元；被告人席某退缴的违法所得人民币8 907 598元、美金3 539 970元、港币2 930 000元依法予以没收上缴国库。

3. 周某诈骗案

2015年8月至11月份期间，被告人周勇、时某合伙通过在互联网、微信群上发布虚假信息，谎称比特币（简称BBT）系虚拟货币，能升值、兑换现金，支付网络电子消费等，虚构与摩根大通公司、比特币公司合作的事实，骗取被害人金某的信任，促使被害人金某花费人民币30 000余元用于购买BBT，后被害人金某用22 400个BBT向周勇购买了鲟鱼牌伏特加酒。综上，被告人周勇、时某实际骗得被害人金某人民币7600元。浙江省绍兴市越城区人民法院经审理后认为，被告人周勇以非法占有为目的，伙同他人采用虚构事实、隐瞒真相的方法，骗取他人钱财，数额较大，其行为已构成诈骗罪。

浙江省绍兴市越城区人民法院于2017年10月23日做出（2017）浙0602

刑初 633-2 号刑事判决：被告人周某犯诈骗罪，判处有期徒刑六个月，并处罚金人民币一千元。

4."维卡币"网络传销案

2017 年 9 月 8 日，湖南省株洲县人民法院宣判了一起涉案金额达 16 亿余元的特大"维卡币"网络传销案。"维卡币"传销组织系境外向中国境内推广虚拟货币的组织，传销网站及营销模式由保加利亚人鲁娅组织建立，服务器设立在丹麦的哥本哈根境内，对外宣称是继"比特币"之后的第二代加密电子货币。"维卡币"组织的经营实质是以投资虚拟货币为名，要求参加者缴纳一定费用获得加入资格，并按照一定顺序组成层级，以直接或间接发展人员数量作为计酬和返利依据，将上述计酬和返利以分期支付方法进行发放，以高额返利为诱饵，引诱参加者继续发展他人参加而骗取财物。段某等 35 名被告人通过网络平台或经人介绍的方式先后加入"维卡币"组织后，以发展下线通过计利返酬获得奖金或倒卖激活码两种方式进行非法获利。其中，部分被告人积极发展下线会员，分别从中非法获利 1 万余元至 2000 万元不等。湖南省株洲县人民法院经审理后认为，段某等人的行为均已构成组织、领导传销活动罪。

湖南省株洲县人民法院于 2017 年 9 月 8 日做出（2017）湘 0221 刑初 6 号刑事判决，以组织、领导传销活动罪，分别判处 35 名被告人缓刑至有期徒刑七年不等的刑罚，并处 1 万元至 500 万元不等的罚金。

8.2.3 虚拟货币洗钱、敲诈勒索案件

虚拟货币由于其匿名性的特征，成为部分犯罪分子用于洗钱、网络攻击敲诈勒索等不法活动的工具。近年来，中国法院审理了数起涉及虚拟货币的洗钱案件和敲诈勒索案件。从法院的判决来看，当犯罪分子以虚拟货币作为洗钱或敲诈勒索的工具时，并不影响法院对犯罪事实及涉案金额的认定。在

法院审理过程中，曾有被告人提出虚拟货币在我国不受法律保护，不应以被害单位购买虚拟货币的价格作为认定案件数额的依据，但未得到法院的支持。

1. 黄某等人诈骗、洗钱案

2014年8月初，肖某给黄某打电话说有笔大的洗钱业务给她，让黄某准备一下信用卡，黄某将其在网上购买的姜某的农业银行卡号告诉了肖某，二人商定肖某分赃55%，黄某等人分45%。2014年8月5日8时39分，肖某、肖某、陆某通过QQ聊天植入木马病毒侵入并修改黑龙江省绥化市某集团财务经理刘某的QQ号，以刘某的名义通过QQ聊天的方式让其下属单位某超市财务经理董某转款人民币1200万元。2014年8月5日10时许，肖某给黄某提供的银行卡内打款500万元，由许某进行具体洗钱操作，被告人许某在"火币网""OKCOIN""比特儿"三个交易平台购买了1200个左右比特币，并转入自己的本地钱包中，之后黄某、许某到澳门，通过地下钱庄将比特币兑换成港币，再通过地下钱庄将港币兑换成人民币汇回国内，其中给刘某的中行卡汇款140万元、农行卡汇款17万元、建行卡汇款41.4万元，给黄某（黄某母亲）农行卡汇款40.4万元，给陆某（陆某弟弟）农行卡汇款79.6万元，给黄某农行卡汇款50.27万元，给农某（许某女朋友）建行卡汇款40万元，最后汇回国内共计人民币408.67万元。除汇给上线之外，黄某、许某、陆某每人从中分得36万元（陆某只承认获利11万元）。刘某在明知黄某、许某所汇款项系犯罪所得的情况下，多次为许某等人进行大额提现服务，并按照许某的要求将提取的现金转交给陆某，由陆某又转交给肖某，并非法获利人民币1.5万元。2014年8月25日被告人黄某、许某、陆某被公安机关抓获。同年12月11日被告人刘某被公安机关抓获。

黑龙江省绥化市北林区人民法院经审理后认为，被告人黄某、许某、陆某经预谋为他人诈骗洗钱，虽没有直接参与诈骗被害人财物，但其明知肖某等人进行网络诈骗，却帮助直接诈骗的犯罪分子将骗取的银行账户里的钱款提现，完全实现了非法占有他人财物的目的，与直接诈骗的犯罪分子形成了分工合作的不可分割的整体，系诈骗犯罪的共犯，且骗取他人财物数额特别巨大，其行为已构成诈骗罪。被告人刘某明知许某所汇款项是犯罪所得的情况下，仍多次为许某等人进行大量提现，转移赃款，从中谋取非法利益，其行为符合掩饰、隐瞒犯罪所得罪的犯罪构成要件，应以犯掩饰、隐瞒犯罪所得罪追究其刑事责任。

黑龙江省绥化市北林区人民法院于 2017 年 3 月 22 日做出（2017）黑 1202 刑初 20 号刑事判决：被告人黄某犯罪诈骗罪，判处有期徒刑十一年，并处罚金 20 万元；被告人许某犯诈骗罪，判处有期徒刑十一年，并处罚金 20 万元；被告人陆某犯诈骗罪，判处有期徒刑十一年，并处罚金 20 万元；被告人刘某犯掩饰、隐瞒犯罪所得罪，判处有期徒刑六年，并处罚金 10 万元。

2. 韦某洗钱案

2014 年 11 月 27 日，河南省漯河市召陵区某餐饮服务有限公司财务人员温某被冒充该公司法定代表人李某的他人指示，将本公司资金 469 700 元汇入某账户内，后赃款 319 000 元通过酷乐达比特币公司汇入韦某的个人账户内，韦某取款后得 1.5% 的提成，并将剩余赃款交给"19"哥。经侦查，被告人韦某于 2015 年 1 月 8 日被公安机关在广西壮族自治区来宾市抓获。黑龙江省哈尔滨市南岗区人民法院经审理后认为，被告人韦某明知是犯罪所得赃款，而予以转移、隐瞒，其行为构成掩饰、隐瞒犯罪所得、犯罪所得收益罪。

黑龙江省哈尔滨市南岗区人民法院于 2015 年 11 月 26 日做出（2015）南刑初字第 855 号刑事判决：被告人韦某犯掩饰、隐瞒犯罪所得、犯罪所得收益罪判处有期徒刑五年六个月，并处罚金人民币 200 000 元。

3. 赵某敲诈勒索比特币案

赵某于 2016 年 7 月底至 8 月初，利用从互联网获取的登录口令，通过电脑操作，进入苏州某食品有限公司的服务器，窃取该公司的网购订单信息若干，并以泄露上述信息为由实施威胁，迫使该公司支付比特币合计 20 枚，价值人民币 75 425 元。苏州市吴中区人民法院经审理后认为，被告人赵某敲诈勒索公私财物，数额巨大，其行为均已构成敲诈勒索罪。

苏州市吴中区人民法院于 2017 年 5 月 3 日做出（2017）苏 0506 刑初 66 号刑事判决：被告人赵某犯敲诈勒索罪，判处有期徒刑三年，并处罚金人民币 2000 元。

4. 潘某网络攻击敲诈勒索案

2016 年 8 月间，潘某同他人对北京某公司管理的多家公司的计算机信息系统进行网络攻击，并借此敲诈勒索财物共三起，涉案金额共计人民币 234 961.52 元。2016 年 8 月初，被告人潘某通过互联网发送电子邮件等方式，以不给付比特币就继续网络攻击相威胁，向被害单位河北某公司勒索比特币。8 月 3 日，河北某公司被迫分别以人民币 39 793.82 元和 39 586.58 元的价格，两次购买并付给潘某比特币共计 22 个。2016 年 8 月初，潘某通过互联网发送电子邮件等方式，以不给付比特币就继续网络攻击相威胁，向被害单位安徽某公司勒索比特币。8 月 8 日，安徽某公司被迫分别以人民币 46 704.24 元、46 686.84 元、46 640.4 元、15 549.64 元的价格，四次购买并付给潘某比特币共计 40 个。2016 年 8 月中旬，潘某通过互联网发送电子邮件等方式，以不付比特币就继续网络攻击相威胁，向被害单位北京某公司勒索比特币 40 个未果。潘某于 2016 年 8 月 16 日被公安机关抓获。

在法院审理过程中，潘某对公诉机关指控的事实及罪名没有提出异议，但提出比特币系虚拟货币，在我国不受法律保护，不应以被害单位购买比特币价格作为认定案件数额巨大的依据，并对其量刑。

北京市海淀区人民法院认为，被告人潘某以非法占有为目的，通过非法手段攻击被害单位网络交易平台，致交易平台无法正常登录后，向被害单位勒索比特币，造成被害单位因购买比特币所致的数额巨大的直接财产损失，其行为已构成敲诈勒索罪，应予惩处。针对被告人潘某对犯罪数额所提出的意见，法院认为，犯罪期间比特币的交易价格认定犯罪数额具有合理性。第一，在被告人潘某犯罪期间，比特币仍为网络上可自由交易的"虚拟货币"，其交易价格在短期内较为稳定、一致，故从被告人潘某的主观来看，其对自己可获取的收益金额系明知。第二，从客观危害后果看，被害单位购买潘某索要的比特币在比特币交易网站上实际支付了货币，造成数额巨大的财产损失。

北京市海淀区人民法院于 2017 年 10 月 27 日做出（2017）京 0108 刑初 725 号刑事判决：被告人潘某犯敲诈勒索罪，判处有期徒刑三年，罚金人民币五千元。

8.2.4 盗窃电力挖矿案件

盗窃电力挖矿案件是近年涌现的新型案件。随着比特币等虚拟货币价格的不断上涨，有不少违法犯罪分子铤而走险，盗窃电力用于比特币等虚拟货币的挖矿活动。各地法院审理并判决了多起盗窃电力挖矿案件，最终以盗窃罪进行定罪。

1. 李某等人盗窃案

2017 年 10 月，李某及其同伙在某油田有限责任公司第四采油厂某油井上盗接电缆，并将该电缆线引入自家菜窖内。2017 年 10 月 20 日至 12 月 13 日，李某及其同伙利用盗接的油田电力运行李某购买的蚂蚁 S7 型等挖矿机生产虚拟货币（比特币、以太币和莱特币），并将虚拟货币在互联网上进行交易，获利人民币 9800 元。李某及其同伙利用蚂蚁 S7 型挖矿机盗窃电力，共计价值人民币 27 339.84 元。黑龙江省大庆市红岗区人民法院经审理认为，被告人李某等人以非法占有为目的，秘密窃取公私财物且犯罪数额较大，其行为已构成盗窃罪。

黑龙江省大庆市红岗区人民法院于 2018 年 4 月 24 日做出（2018）黑 0605

刑初 65 号刑事判决：被告人李某龙犯盗窃罪，判处有期徒刑一年零六个月，宣告缓刑二年，并处罚金人民币 27 000 元；被告人李某才犯盗窃罪，判处有期徒刑一年零六个月，宣告缓刑二年，并处罚金人民币 27 000 元。

蚂蚁 S7 型挖矿机⊖

2. 韩某盗窃案

2016 年 6 月 15 日，被告人韩某租用邯郸市复兴区某街道的一间平房，用于生产比特币，为达到不缴纳电费的目的，韩某花钱找人于 2016 年 6 月 20 日将该门市的电能表破坏，造成该电表显示屏白屏且不能远程采集用电数据，经鉴定，该电能表读取电量为 65 120.53kW·h，其中 2016 年 6 月 20 日至 2016 年 9 月 6 日，韩某共窃电 63 618.9kW·h，价值 44 603.22 元。河北省邯郸市复兴区人民法院经审理后认为，被告人韩某为达到不交电费的目的，采取破坏电能计量表的方法窃电，数额较大，其行为已构成盗窃罪。

河北省邯郸市复兴区人民法院于 2017 年 8 月 1 日做出（2017）冀 0404 刑初 78 号刑事判决：被告人韩某犯盗窃罪，判处有期徒刑一年又六个月，缓

⊖ 摘自彩云评测的《比特大陆最新版蚂蚁 S7 比特币挖矿机》，地址为 https://www.cybtc.com/article-2027-1.html，（访问于 2018 年 5 月）。

刑三年，并处罚金人民币五万元。

8.2.5 虚拟货币交易合同纠纷案

自中国人民银行等七部门于 2017 年 9 月 4 日联合发布了《关于防范代币发行融资风险的公告》之后，多家法院在审理虚拟货币交易合同纠纷时引用了该文件。从判决书来看，法院普遍认为，根据《关于防范代币发行融资风险的公告》的规定，虚拟货币不属于合法的合同标的物，公民投资和交易虚拟货币的行为虽系个人自由，但不能受到法律的保护，公民投资和交易虚拟货币的行为属于无效的民事行为。

1. 委托投资、交易虚拟货币行为被认定无效

原告薛某与被告包某原系朋友关系。2017 年 2 月 20 日，包某称其男朋友曹某投资蒂克币交易有较好的收益，建议薛某与其一起投资，薛某表示同意。当日，薛某通过支付宝向包某转账 42 000 元。2017 年 2 月 21 日，薛某又通过微信向包某转账 600 元。包某将 42 600 元转给曹某，曹某用其手机号码在蒂克币平台注册购买了编号为 sxp006、sxp007、sxp008、sxp009 的 4 台矿机，用于生产所谓的蒂克币。后曹某以 210 元 / 个价格出售了部分蒂克币，曹某在扣除手续费 575 元后于 2017 年 7 月 1 日向薛某支付 9975 元，此后曹某与包某再未向薛某支付任何款项。原告薛某向江苏省南京市江宁区人民法院提出诉讼，要求被告包某向其返还购买蒂克币资金 42 720 元。

法院认为，蒂克币是一种类似于比特币的网络虚拟货币，根据中国人民银行等部门发布的通知、公告，虚拟货币不是货币当局发行，不具有法偿性和强制性等货币属性，并不是真正意义上的货币。从性质上看，蒂克币应当是一种特定的虚拟商品，不具有与货币等同的法律地位，不能且不应作为货币在市场上流通使用，公民投资和交易蒂克币这种不合法物的行为虽系个人自由，但不能受到法律的保护。

法院认定，本案中，原告薛某将投资款交给了被告包某，包某再转交给曹某，曹某以其手机号码注册购买矿机和向薛某支付蒂克币所谓收益款，薛某与包某、曹某构成委托合同关系。薛某委托包某、曹某投资和交易蒂克币的行为在我国不受法律保护，其行为造成的后果应当由薛某自行承担。故对原告薛某要求被告包某返还购买蒂克币资金 42 720 元的诉讼请求，法院不予支持。

江苏省南京市江宁区人民法院于 2017 年 11 月 10 日做出（2017）苏 0115 民初 15868 号民事判决：驳回原告薛某的诉讼请求。

2. 矿机及虚拟货币转让被认定无效

原告黄某向四川省内江市东兴区人民法院提出诉讼请求：请求被告退还原告购买其在互联网某商城出售的一台矿机的价款 55 000.00 元，并按照协议赔偿原告 55 000.00 元，合计 110 000.00 元；本案诉讼费和保全费由被告承担。事实和理由：原、被告于 2016 年 6 月 18 日达成协议，约定原告购买被告在互联网某商城的矿机一台，买价为 55 000.00 元，载明如一方违约，需支付转让金额的双倍给另一方。原告于当天向被告银行账户上转款××元，但被告至今没有履行《转让协议》约定的义务。故原告为维护自己的合法权益，诉至法院，提出上述诉讼请求。被告刘某辩称，原告自愿购买矿机是事实，合同标的物的账号、密码等已经交付给原告，故原告的主张不能成立，请求法院依法驳回原告的诉讼请求。

法院查明事实如下：2016 年 6 月 18 日，原告（在转让协议中简称"乙方"）与被告（在转让协议中简称"甲方"）双方协商一致，在公正、平等的原则下，签订《转让协议》一份，约定：甲方将矿机一台所有的基金币，转让给乙方，具体数目，以公司所产生（发放）的基金币数目为准；公司配给每个矿主的 500 000.00 个币，甲方给乙方一半，转让金额 55 000.00 元；甲、乙双方签字后生效，双方各自完成自己需达成的条件为准。若一方反悔，按转让金额的双倍赔偿。证明人签字，甲、乙双方在协议上签字。落款时间为2016年6月18日。协议达成后，原告于当天通过银行转账55 000.00元给被告。之后，被告将原注册为自己的账号、密码、手机号等通过网上审批程序变更为原告的账号、密码、手机号等，并已将该账号、密码等交给原告。原告认为被告未履行约定，双方协商无果。故原告诉至法院提出上述请求。

法院认为，本案中所称的虚拟矿机及其生产的基金币，实质上均是虚拟商品，二者与比特币等"虚拟货币"性质相同，在我国也不受法律保护。因此，对于虚拟矿机及其基金币这种不合法的标的物，其交易行为在我国不受法律保护，已完成代币发行融资的组织和个人应当做出清退等安排。因此，原、被告签订的《转让协议》，因标的物不合法，其交易行为在我国不受法律保护，《转让协议》因损害社会公共利益（即公序良俗）而无效，因合同取得的财产应予以返还。故对于原告要求被告退还货款55 000.00元的请求，法院依法予以支持；对于原告要求被告赔偿55 000.00元的请求，因协议无效，法院依法不予支持。

四川省内江市东兴区人民法院于2017年11月21日做出（2017）川1011民初2958号民事判决：被告刘某于本判决生效后十日内向原告黄某退还矿机价款55 000.00元；驳回原告黄某的其他诉讼请求。

3. 虚拟货币买卖合同被认定无效

原告洪某向江苏省盱眙县人民法院提出诉讼请求：请求依法判决被告腾某立即退还原告洪某宇特币款20 000元；诉讼费由被告腾某承担。事实和理由：原、被告系朋友关系，2016年11月12日、2016年11月24日，原告分两次向被告购买宇特币，每次购买4000枚，单价以每枚2.5元计算，共计价款20 000元。双方通过微信签订购货协议，协议约定，一方违约必须以当天市场价格5倍赔偿。后原告分三次通过微信转账的方式支付货款20 000元。嗣后，被告腾某未按合同约定履行义务，损害了原告的合法权益，延期交付的宇特币目前市场无法交易。原告多次向被告索要已交付的购买款，被告总以暂时无钱为由久拖不付。故提起诉讼，请求支持原告诉讼请求。被告腾某辩称，被告已交付宇特币，不同意退还20 000元货款。

法院认定，原、被告在微信上就宇特币买卖合同达成合意。2016年11月24日，原告洪某拟定协议，通过微信发送被告腾某。被告腾某同意。协议约定，腾某宇特币编号ytb93805920，于2016年11月24日以2.50元价格卖给洪某，共计4000枚宇特币，共计10 000元整，洪某在两天之内必须付款给腾某10 000元整，腾某必须在2016年11月30日之前一次性付清释放出来的宇特币4000枚给洪某。2016年11月24日，原告洪某通过微信转账10 000元给被告腾某。原告洪某另于2016年11月12日通过微信转账5000元给被告腾某，于2016年11月13日通过微信转账5000元给被告腾某。双方确认这两笔款项也是宇特币买卖的款项，单价与上述协议相同。被告腾某主张已将编号为ytb2016112237的宇特币账户密码告知原告洪某，之中有8000枚宇特币属于原告洪某，原告洪某可随时进行交易，故已完成交付义务。原告洪某主张该账户中的资料都是被告腾某的姓名，故其没有答应要。

法院认为，本案涉及的宇特币无论界定为一种"电子货币"，还是界定为ICO的代币发行，其均无正当的法律依据。2017年9月4日，中国人民银行等七部门联合发布了《关于防范代币发行融资风险的公告》。明确表示，发行代币形式包括首次代币发行（ICO）进行融资的活动本质上是一种未经批准的非法公开融资的行为，要立即停止各类代币发行融资活动，对于已完成代币发行融资的组织和个人应当做出清退等安排。对该类行为以及此后延伸的买卖行为的禁止，有利于创造良好的金融环境，防止系统性的金融风险。法院故应认定原、被告买卖宇特币的行为违反了法律、行政法规的强制性规定，系无效的民事行为。对本案买卖行为的无效，原、被告双方均有过错。鉴于被告腾某也存在损失，但也存在未按约定交付的情形，法院据情判令被告腾某返还货款15 000元。

江苏省盱眙县人民法院于 2018 年 4 月 13 日做出（2018）苏 0830 民初 661 号民事判决：被告腾某于本判决生效后十日内返还原告洪某货款 15 000 元；驳回原告洪某的其他诉讼请求。

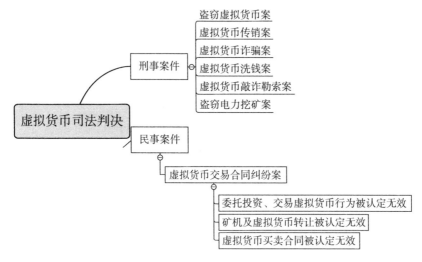

虚拟货币相关司法判决

8.3 未来展望

2017 年全国金融工作会议提出，未来中国金融工作的三大任务是服务实体经济、防控金融风险、深化金融改革，而这三大任务之首就是服务实体经济。中国人民银行的两任行长在公开讲话时均曾提到了虚拟货币对实体经济支持较少的问题。时任央行行长的周小川在 2018 年 3 月份的两会记者会上表示，"我们认为虚拟资产交易这个方向需要更加慎重，虚拟资产交易从中国的角度来讲，也不太符合我们金融产品、金融服务要服务于实体经济的方向。"现任行长易纲在 2018 年 4 月份在博鳌论坛期间指出，"虚拟货币对实体经济的服务比较少，并且其中有一些投机行为，甚至还有一些洗钱行为，所以人民银行对虚拟货币一直比较谨慎⊖。"基于虚拟货币对于实体经济服务较少的考量，加上 ICO 暴露出的风险隐患，导致中国监管部门对于虚拟货币采取了严格的监管政策。

今后，推动区块链技术服务实体经济和防控金融风险仍将是中国监管部门在制定区块链相关政策时的主要监管思路。我们认为，未来监管将呈现出三个趋势，一是保持政策差异化，即对虚拟货币和区块链技术继续采取差异化的监管政策；二是推动技术标准化，即推动区块链技术标准的制定和实施；三是推进监管科技化，即推进区块链技术运用于监管科技。具体如下：

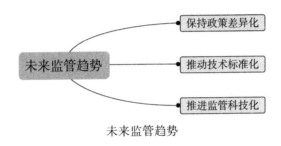

未来监管趋势

8.3.1 保持政策差异化

我们认为，在未来相当长一段时间内，我国政府对于虚拟货币和区块链技术仍将采取截然不同的两种监管态度，一方面，对于比特币等虚拟货币仍将持谨慎、保守的态度，从维护社会稳定和防控金融风险出发，继续保持高压整治态势；另一方面，对于区块链技术将继续积极采取鼓励和支持的态度，推动区块链技术服务于实体经济，随着区块链国家标准的制定及区块链应用场景的落地，鼓励和扶持的力度可能会进一步加大。

2018 年 4 月，中国人民银行货币金银局局长王信在《第一财经》发表《强

⊖ 摘自新京报的《央行 5 谈虚拟货币 严监管成关键词》，地址为 http://www.bjnews.com.cn/finance/2018/04/26/484714_2.html（访问于 2018 年 5 月）。

化虚拟货币监管 遏制境外发币行为》的文章，提到了进一步强化虚拟货币监督管理的五项措施，这很大程度上可以代表中国监管层今后对于虚拟货币的监管态度，对于未来的监管政策具有很强的指导意义，具体如下：

一是应在明确加密代币管理相关法律适用性的基础上，尽快制定加密代币管理法律法规，提高处罚标准和惩戒力度，强化震慑作用。

二是借助技术手段，加强信息监测，组织大型社交软件提供商开展监测工作，排查、发现、清理和解散加密代币交易群组和公众号等，并将相关线索移交公安机关处置。

三是加强跨境支付监测，排查、发现可疑商户、可疑交易、可疑虚拟货币交易场所，一旦发现可疑行为，有针对性地进行清退商户、拦截交易、停止转账服务。

四是强化风险提示和公众教育，将正确看待虚拟货币、理性投资、控制风险等观念纳入反假货币宣传中，对投资者进行风险提示，引导社会公众树立正确的货币观念和投资理念。

五是推动加强国际政策协调。虚拟货币的运营主体可以快速地从一个司法管辖区转移到另一个司法管辖区，各国监管政策的较大差异，只会使虚拟货币的运营主体从一国转移到另一国。针对加密代币的跨境使用和ICO等跨境违法行为，应积极推动国际社会加强国际政策协调，评估采取多边应对措施㊀。

8.3.2 推动技术标准化

未来，中国监管部门将继续推进区块链的标准建设，推动区块链技术的

㊀ 摘自王信所写的《切实加强虚拟货币监管 牢牢维护国家货币发行权》，地址为 http://www.yicai.com/news/5413833.html（访问于 2018 年 5 月）。

标准化，让区块链技术能够真正地服务于实体经济。从监管的角度来看，区块链标准能够帮助加快各行业对区块链认识趋于一致，形成对于区块链应用的"社会共识"，有效打通应用通道，防范安全风险，加快实现在跨产业的生态系统中实现价值共享，有助于社会级区块链大型生态系统的形成，并激发更多技术创新，降低技术和穿透式监管成本，加快区块链系统的实施⊖。

目前，中国已着手建立区块链国家标准，以从顶层设计推动区块链标准体系建设，预计最快将于 2019 年底完成。围绕标准体系建设要求，区块链标准体系将针对以下问题进行建设：

（1）构建区块链的标准化语言，统一对区块链的认识；

（2）统一区块链底层开发平台和应用编程接口，为区块链的开发、移植和互操作提供支持；

（3）统一不同区块链间的链接、实现信任和交换数据的标准，建立区块链间互操作基础；

（4）构建安全和可信环境，规范基于区块链的服务，营造良好的应用环境⊜。

8.3.3 推进监管科技化

近年来，中国各大监管部门均在强调发展监管科技，把发展监管科技作为深化金融改革的一个重要切入点。区块链技术在未来可能会成为监管科技的突破口，监管科技化将是未来监管的必然方向。

区块链技术将帮助监管当局有效提升信息的透明度，同时极大地降低基

⊖ 摘自工业和信息化部信息中心的《2018 年中国区块链产业白皮书》（第 97 页）。
⊜ 摘自中国区块链技术和产业发展论坛的《中国区块链技术和应用发展白皮书（2016）》（第 54 页）。

础设施的重复建设成本，有利于建设一个更安全、更及时、更稳定的金融监管体系[一]。根据《2018年中国区块链产业白皮书》的观点，区块链不可篡改、可追溯、公开透明的特性，反而更易于监管接入，获得更加全面实时的监管数据；同时，区块链本身的分布式、不可篡改、公开透明等特性可以有效提升穿透式监管的实施效率[二]。

8.4　本章小结

防控金融风险和推动区块链技术服务实体经济是中国监管部门在制定区块链相关政策时的两大监管思路，因此，中国政府一方面整治打压虚拟货币及ICO，一方面鼓励和支持区块链技术的发展。

《关于防范比特币风险的通知》和《关于防范代币发行融资风险的公告》是中国政府有关虚拟货币的主要政策文件，特别是《关于防范代币发行融资风险的公告》，其明确禁止开展ICO活动，禁止金融机构和支付机构开展虚拟货币相关业务。中国各地法院在审理虚拟货币相关案件时，多次引用了上述两个文件，做出了一系列具有指导意义的刑事判决和民事判决。

基于中国现有监管政策的分析与思考，我们认为，未来监管将呈现出保持政策差异化、推动技术标准化、推进监管科技化等三个趋势：一是对于虚拟货币和区块链技术继续采取差异化的监管政策；二是推动区块链技术标准的制定和实施；三是推进区块链技术运用于监管科技。正如前文所言，未来的通证生态系统仍将在政府和法律的监管之下，"无政府"的通证生态不是未来通证生态的主流形态，只有顺应监管趋势，拥抱监管，区块链及通证经济才能得到长远发展。

[一] 摘自新华网的《央行孙国峰：区块链技术可应用于监管科技》，地址为 http://jjckb.xin-huanet.com/2017-12/26/c_136852424.htm（访问于2018年5月）。
[二] 摘自工业和信息化部信息中心的《2018年中国区块链产业白皮书》（第96～97页）。

推荐阅读

推荐阅读